請進！
餐桌上聊教養

兩位媽媽長征歐亞14國的教養探索：陪伴孩子走自己的路，做自己的主人

Mickey Sung & Bianco Tsai

宋明琪、蔡怡欣 ————— 著

Con
tents

Part II 西 West 135

嘿～成績不會跟著你一輩子，
但自信會

Mickey Sung

宋明琪

本以為這是一趟追尋答案的旅程，不止是為了自己，也是為身邊所有在母親角色裡掙扎的女性們。為什麼只有「女性」？剛好我們是兩個充滿疑問的媽媽，剛好能聊孩子的對象都是媽媽，剛好有尋找答案的衝動，然後剛好我們是走得開的媽媽，所以我們就大膽走出去，去看看世界各地的父母與孩子的相處情況，幻想能為朋友帶回令人滿意的答案。當旅途越接近尾聲，我們發現找到的不是答案，而是在過程裡嘗盡為人父母，為了孩子，竭盡所能付出的酸甜苦辣。

也許有人會問，妳們是不是在教養孩子上碰到難度很高的問題？不然怎麼會突發奇想跑遍大半個地球找答案呢？當開始企畫這本書時，我的女兒也才四歲，正是上幼兒園吃點心、唱唱跳跳的快樂年紀，而且自己從小學業表現並不優異，對於女兒未來學業表現沒有太過執著的想法。但身邊有朋友孩子上小學後，因為成績導致親子關係緊繃，友人也常會在群組訴苦，但我始終無法進入狀況，態度總是「沒關係，分數如何不重要，重要的是孩子有沒有理解，每個孩子學習進度不同，慢慢來。」身陷其中的友人說「Mickey，等妳女兒上小學後再來和我說。」

宛如被這句話激勵似的，我開始思考教養與教育的關係，然後一發不可收拾的就和 Bianco 一頭栽進本書的企畫裡。我當然知道好成績在台灣是多麼的重要，畢竟我也是過來人，但為什麼我現在會認為成績沒那麼重要呢？剎

那之間，就想到父親。父親小時候因為家貧無法供給他念書，所以小學一畢業就必須工作，喜愛讀書的他無法升學一直是畢生缺憾，所以他特別喜歡會讀書的孩子，也像他們那代的父母一樣，盡一切所能讓我們有好的讀書環境。我們家四個孩子，從小就是大妹和小妹成績最優秀，身為大姊的我成績平平，卻愛運動、愛打球，但爸爸不曾因為成績責備過我，反而還陪我打球。

　　深知自己沒有兩個妹妹聰明，卻從沒有懷疑過自己的能力。這是父親給我的自信，雖然我知道他喜歡會讀書、成績好的孩子，但他更在意我們為人處事的態度，記憶裡被爸爸處罰、被打，都是因為和兄妹吵架、說謊等，從來沒有一次是因為成績，記憶更深刻的是，從小到大的畢業典禮，從不曾上台領獎的我，雙親手捧著花束不曾缺席過的笑臉。所以在這本書裡，我們問的不僅僅是父母對孩子的教養態度，還有上一代，也就是他們父母對他們的教養態度，而我們在裡面發現了一個有趣的現象「父母怎麼教養孩子，孩子就會長成他們教養的樣子。」這影響是一代代傳下去，但也有可能會有所轉變，那就是等孩子長大後的反思，但這反思的過程，必須要有無比的勇氣，因為他們面對的是不可知的未來。

自 序

送給媽媽的自以為是

Bianco Tsai
蔡怡欣

說真的不知道這 12 年來是怎麼當媽的，學齡前並沒特別在意教養的問題，健康快樂、自由發展就好了對不對？但是，一路就像自助旅行，途中會遇到壓根也想不到的問題，或就突然落下幾個大石擋在彼此中間。自己和孩子的互動，也好像不全都是快樂，倒像是快超過負荷的心速一樣，時上時下、陰晴不定。

都說了媽媽的精神狀態會影響孩子，甚至關係到家庭的氛圍，但總有克制不住怒氣的時候。我知道要讓小孩快樂，但等升學面對壓力，大概就拐了個髮夾彎了！

但，真的應該是這樣嗎？

這本書的源頭，就是從不斷冒出的衝突和疑問開始。

經過無理頭時期的幼稚園、點頭如搗蒜的低年級一直到思考萌芽的中年級，終於迎來和女兒的大衝突。在課業上原本隨便就好的我開始拿起放大鏡，凸顯了所有的不順眼，逼著女兒下課後要寫評量和復習，每每閉嘴前都是互相砸在臉上，爆破的情緒氣球。

不喜歡這樣的自己。於是帶著疑問，開始去請教身邊的長輩和朋友。包括一同企劃這本書的盟友明琪。有天在網路上看到奧地利小婦人的文章，發現她女兒下課後書包放著就出門滑雪，在山與雪的包圍下成長，這樣差異的生活，點燃了我們想要看看各國爸媽與孩子都在做什麼事的決心：大家都是怎麼教養小孩的呢？自己想要改變的念頭也開始萌芽。

就這樣利用斷斷續續的閒暇時間進行探訪，敲開了台灣

及各國 26 個家庭的大門。我們聆聽這些父母如何從孩子成長為獨立自主的大人，如何對待陪伴自己的孩子；更幸運的，和他們一同坐上餐桌，享用親子共同做的私房料理。

各個家庭對小孩都有抓狂或是疑問的時候，不是每分每秒都是完美笑臉。但背後守護著家庭的強大力量，像是自信與樂觀，則來自包圍住他們的陪伴、傾聽分享、聊天說日常。我們發現快樂知足的背後，沒有什麼祕訣！家裡有張餐桌，就常常一起吃飯說話吧！

訪問耗時三年，自己也慢慢變化。原本遮眼的視線，現在看得稍微清楚。與其說教養是種拿捏，倒不如說是感同身受。成為父母，和嬰兒長成兒童、少年一樣，是種過程，沒有一步到位。不是一開始就完美，也沒有一路錯到底的。允許自己是不完美的父母，和孩子長大一樣，必須摸索、練習與跌撞。

沉浸在裡面，感受到了水流才知道怎麼游。書裡每個家裡都有自己的優遊自在。這裡沒有對錯，希望你也可以找到自己的感同身受。這本書就像個朋友，有點溫暖，是一個手心放在肩膀的力量。

最後，很喜歡《少女心事解碼》裡的譬喻，父母要當孩子游泳池裡那道堅固的牆。讓孩子踢自己一腳後，反作用力往前在水裡探索玩耍，甚至游到更遠的地方，但在他累的時候，可以游回來抓著牆的邊緣喘一口氣。他需要你成為那道堅固的牆，陪著他，承受他的來來去去。

送給爸媽。

東

EAST

一直以為媽媽是繞著小孩轉動，後
來發現其實該守護的是整個家庭，
而不只是孩子。該守護的，應該還
包括了自己才對。

TAIPEI
OSAKA
TOKYO
YOKOHAMA
SHANGHAI
NANJING
TEL AVIV

能打動人心的只有心

Author

盧 建 彰

Photo © 小日子

那天,我教願願上廁所,正開始學著不使用尿布的她,非常棒,主動告訴我有尿意想上廁所,當我們快速反應部隊完美達成任務後,我稱讚她:「好厲害呀!」

結果,邊穿褲子的她,抬頭睜大眼睛看著我說:「不要說好厲害啦!」

我說:「那要說什麼呢?」

她說:「要說,好快樂啦!」

我趕緊補上一句「好快樂呀」,她才嫣然一笑,一轉身就跑去玩了。

我待在原地,看著她遠去的圓滾身影,想著,嘿,好像很有道理耶。

知名廣告導演、暢銷作家、熱血跑者,「Google齊柏林篇」獲選十大微電影;執導柯P廣告「聽孩子的話」、小英廣告「願你平安」、「台灣隊加油」、「人民大聲公」,著有《跑在去死的路上,我們真的活著嗎?》、《文案力:如果沒有文案,這世界會有多無聊?》,同時也是三歲小女孩的父親。

很厲害，才快樂？

平常我們總是希望孩子快樂就好，但心裡想要的說不定是「很厲害」，也許是過去的人生經驗嵌入在我們的深層記憶裡了。

我們過去被期待考試成績好，最好能滿分，卻不太確定自己到底想做什麼，反正先有好成績再說，面對的只是考卷，想贏的只是分數。我記得，那時考完大學聯考，一直沒有空讀書的我，成績竟比我原先預期的好，開心的同時，我卻發現，我不知道要填什麼志願。

你知道，後來有多瞎嗎？

我就拿去年的科系排行來抄，照著順序，一個一個填上去，裡面沒有我，沒有我真心想知道的，也沒有我想成為的。我現在回想，那裡只有前人的遺跡，只是去年的科系排名，只是一些分數的順序，那對於我的人生而言，既無參考價值，更無幫助，甚至只是一種浪費。

結果，我的大學生活，幾乎和學習無關，因為我是進了那個系，才知道有這些科目，而好幾個必修科目我既沒興趣，更沒有動力培養興趣。因為我以為再也不必考試了，我不必為了考試假裝自己有興趣。

因為我的好厲害，是別人認定的好厲害，不是我真心想過的好厲害。

我唯一的收穫，是認識了朋友。

但難免，你會想，要是認識的除了朋友，還有自己有興趣的知識，不是更好嗎？我只是因為大家覺得我讀那科系厲害就填了，因為社會的價值觀認為那科系未來有前途，因為從統計學的角度看，就是考了這還不錯的分數就有資格填這志願，就該填這志願。

完全忘了「志願」這兩個字，應該是自己的志向和心願。

我以為自己這樣是在繼續追求很厲害的路上，卻不快樂。而且是滿不快樂的。所以，我幾乎把時間都花在運動上，花在釣魚上，花在打保齡球上，花在交女朋友上（好吧，這也沒什麼好後悔的）。四年過去，我的知識增長得有限，且幾乎都是自學的，教室跟我沒什麼關係，我和教授也沒什麼關係。

為了假裝很厲害，我浪費了我自己的生命。從整體資源的運用來說，更是浪費了。我占了一個名額，我讓另一個有心學習並且真心有興趣的人進不來，我自己沒進步，更妨礙別人進步，浪費了寶貴的高等教育資源。最重要的是，我沒有在學習裡快樂，也沒有成為我以為的很厲害。

想要假裝很厲害，只讓我不快樂，沒讓我厲害。

職場裡的很厲害？

進入職場後，我發現，這世界是高度競爭的產業，跟時間競爭，跟成本競爭，更要跟才情競爭。總是擔心來不及，總是害怕做不到，總是恐懼被拒絕。

更別提，就現代而言，若工作成就只是達成銷售目標，其實不太及格。以我待的廣告業而言，現在人們期待廣告作品要能夠有影響力，能被討論，能被分享轉發，甚至能影響世代的價值觀。

所以每個人壓力很大，很怕無法回答客戶給的題目，很怕作品不夠好，更怕因為沒跟上潮流被時代拋下。

我覺得那焦慮實在過分巨大，我們總是追求很厲害，也覺得要很厲害才會快樂。可是這個很厲害越來越遠，好像參加一個終點線一直往地平線遠方不斷拉去的馬拉松賽，光看著那線，就覺得沒力，既覺得自己跑不到，更覺得自己再努力也沒用，因為這社會認定的厲害，實在太厲害，相較起來，自己實在太不厲害，更因此太不快樂。

不信，我問你，現在擁有一億可能只是富翁的入門，但年薪百萬的上班族，要工作幾年才有第一個一億元？

不吃不喝，至少一百年。

但，我們能工作一百年嗎？我們第一年工作的時候，年薪有百萬嗎？

那，如果我們的人生目標跟社會說的「很厲害」一樣是成為有錢人的話，那我們不是一定會讓自己失望，甚至絕望嗎？

這樣，這個「很厲害」，也還好吧？！

假厲害，很費事？

拍廣告的我常常會接到一種工作，就是要講父母對兒女的養育之恩，中間總會有一個橋段是，大雨夜裡，父親背著生病的孩子拚命在街上奔跑，雖然很老套，但又因為是大家都理解的，因此總不時會在不同的影片裡看到這橋段。

這時就很考驗導演，要在什麼樣的路上跑？街要多暗？雨要多大？演員臉上要有多厲害的淚水加雨水？衣服要濕成跟溺水一樣才厲害？

可是，街暗時人臉的表情要清楚，就很考驗打光，而且人物還繼續在奔跑，燈就得在自然狀態下跟著移動。

還有下雨，雨要大就要出灑水車，每次我看到這場景，就會心裡捏一把，不是捏一把冷汗，是捏自己的大腿，懲罰自己，因為又要浪費好多水資源。

有人說，反正只是做效果，抽一些廢水來灑就好了。我曾經聽聞過一個不被證實的悲劇，就是有灑水車司機抽了溪裡的水，先不論有沒有破壞水資源違法之虞，光是那灑下的水就搞得現場每個人覺得臭，回去身上還發癢。我覺得，最慘的還不是這個，而是這樣大費周章，花了好多錢，還有工作人員奔來跑去辛苦無比的時間精力，最後那淋雨夜奔的畫面出來，觀眾的反

應卻只是,「嗯⋯」。

不覺得這樣很悲傷嗎?

只因為想要做別人印象中很厲害的「父子情深」,就是雨夜奔跑看病,那不是自己真實體驗,只是憑藉印象看別人那樣做,因此並不深刻,甚至有點浮泛。

與其如此,何不來拍七個包?

七個包

那天睡覺,願願被蚊子叮了七個包,隔天就開始發腫,手腕腫的跟被大谷翔平時速 160 公里的速球擊中一樣,眼皮則是變成拳擊手,還有大腿前後,各有一個彈珠和一個高爾夫球,癢到她怎麼也睡不著。我只好站 21-09 的哨,不斷地冰敷、擦藥、冰敷、擦藥,比我當兵時站的任何一個哨還累,心裡更是比站哨時的輕鬆愉快來得天差地別,非常害怕她因為忍不住癢而去抓,導致細菌感染,演變成跟上次一樣的高燒、蜂窩性組織炎,還得衝急診、住院。

那時想著,要是可以交換,我很願意自己讓蚊子咬,腫上一堆包。

累得半死的我,一邊想著好辛苦,卻又覺得幸好,幸好平常有在運動的我體能還不錯,勉強撐得下去。我還想著,下次若要拍父母的情深意重,我要拍蚊子篇,至少我覺得,這是我有感受的,別人也會有感受,而且不是傳統認定的「很厲害」,是我認為真實無比的。

Photo © Kurt Lu

我的打瞌睡父親

我又莫名想起一幕畫面。在我奶奶的葬禮上，佛教儀式請了尼師來誦經，家屬陪同在旁。坐在後排的我，因是基督徒而不需跟著誦經，便無聊地四處張望。從人群間意外看到我的父親，手拿著佛經疲憊地閉起了眼，打起瞌睡，頭一下一下地點著，在木魚聲中，彷彿有股奇妙節奏。

那時，我心裡好不捨。

我的父親，比起我來說，身體並不強壯，卻總是叫我們去休息睡覺，自己熬夜照顧車禍住院的母親、臥床的祖母、臥床的爺爺，還有後來臥床的奶奶。

正在照顧女兒的我，這時才意識到，父親當時一定是因為很愛很愛我們，不想耽誤我們的時間，希望我們有充足的時間休息睡覺，好讀書學習，他一個人硬是強打起精神，透支自己的體力，照顧生病的家人。

而那時打瞌睡的父親，自己也是位癌末的病人。

很快樂，才厲害

我自己開始覺得會做廣告，是意識到，原來不是去做一個比評審聰明的作品，而是要做自己會尊敬的作品。

什麼是自己會尊敬的作品呢？

其實就是自己會有感受的作品，解決自己問題的作品，不要誤會這作品有多了不起，而是誠實面對，誠實面對自己的能力，誠實面對自己的世界，誠實面對客戶的問題，用自己的能力解決客戶的問題，並且希望這世界因此好一點。不必好很多，你只要跟零比較，就是跟沒有做的你比，因為比起來，你有思考，你有用心，你就勝過原來的自己。理論上，世界多少會因為你而變好一點。

並不需要很厲害，但要很真心。

不必假裝你有思考，不必假裝你很有創意，不必假裝你很聰明，更不必假裝你解決了所有問題。如果這世界的問題在於虛假，假裝能解決所有問題，也可能帶來問題，而且這問題最後變成你的問題的機會很大。最重要的是，你誠實的努力時，你一定會快樂的。就像用自己的力量跑步一樣，沒有人跑完不會快樂的，因為終於跑完了，也因為你沒有靠別人，你沒有坐車，你也沒有偷懶，你憑自己的所有資源，你相信了自己，自己也沒辜負自己，那一定會快樂的。

妙的是，快樂的你，竟會因此顯得厲害，因為是真心的。你的影響力會變大，你的作品會有效果，你的想法會激勵人，因為來自真實的你。

有趣的是，很快樂的副作用，竟會是很厲害。這實在太厲害了！

更妙的是，就算有人覺得你不夠厲害，你也不會覺得怎麼樣，因為你是快樂的，你都快樂了，你還管別人做什麼？

也許，我們都該明白，很快樂，才厲害！

01

樂在其中

王春子

找到自己的路，樂在其中！

👤 王春子

City.
台北

跨足領域廣泛，做過唱片封面設計、平面設計，現職為自由插畫家，有了兒子之後也開始創作兒童繪本。2016 年出版《雲豹的屋頂》以細膩的觀察，童趣的內容帶領小朋友一起觀看不一樣的台灣風景。著有《媽媽在那裡？》、《雲豹的屋頂》、《討厭的颱風》。

「小學升國一的時候，媽媽第一次讓我參加課業補習班，在那裡，我交了一位好朋友。有一天晚上八、九點，那位好朋友找我一起和一大群男生翹家！全部的人都在家門口等我，可是那天我和爸媽從溪邊露營回來，覺得好累，超想睡覺，所以我就拒絕她了！拒絕她並不是因為我很累、超想睡，而是我完全找不到翹家的原因，況且家裡的床睡起來很舒服呀！」──王春子

孩子翹家，絕對是每一位父母在教養小孩的過程裡最可怕的夢魘之一，但從王春子口裡說出來卻變成帶點好笑的回憶。她還笑著說「後來那位好朋友就不太理我了，應該是覺得我太沒義氣吧！」我們繼續追問，是不是因為家庭溫暖，讓她不想翹家，她卻說「應該說就是不想讓父母傷心！我發現，你不用怕寵壞小孩，你只要一直很愛他，有一天如果他要做讓你有點難過的事，他其實會內疚，他就不會做那件事。」也許大家會和我們一樣好奇，是怎樣的教養方式，讓王春子從小就感受到關愛？

沒有嚴厲的管教

在國一升國二時學校能力分班，成績一直中等的王春子被分進所謂的第二名班級，全班的同學都感覺自己被放棄，被貼標籤，同時又覺得很憤怒——學校公然帶頭違法，因為那時台北市教育局禁止國中能力分班！所以，全班就想盡各種鬼點子對抗學校，譬如整潔、秩序比賽，都故意一定要最後一名。

「其實要最後一名也是滿難的！」

「不是就不要打掃就好！？」

「不打掃你怎麼知道你是最後一名呢？整潔比賽要在學校會檢查的地方，比如玻璃窗框，就故意把髒東西塗在那；秩序比賽要在他們會登記的時段，比如午休，所以中午一定要吵鬧，不能睡。」

「你們訓練了很好的企畫能力吧？！」

「對對！企畫力。但對學校來說，就是一群很麻煩的學生，但其實我們就是氣學校。」

那時，做了那麼多對抗學校，讓老師傷腦筋的事，其實就是在挑戰並質疑權威。在學校記大過時，爸媽被請去學校，事後也沒有責備她。母親只說「妳長大一定會後悔，妳做這些事！」

假日必定帶小孩出遊

從小在萬華小社區長大的她，幼稚園時爸媽因為工作比較忙，也不太管她。國小的時候，父母堅持每個週末都要帶他們出去玩，最常去烏來溪邊露營。

王春子回憶「我爸很喜歡去新店的空軍公墓那邊逛，記得有次要段考了，我爸媽還要我把課本帶到車上，然後我媽念書給我聽，他們就是硬要叫我出去。」她開玩笑說，成績一直不好就是父母害的！

課業成績不優先

　　一般爸媽都會替小孩報名課業補習班,但她的父母堅持不讓她補習。她曾問母親,為什麼不跟別人一樣去補習呢?「這年紀不要補那些!」但母親會讓她去學游泳、音樂……父母一直沒有把課業成績擺在前面,反而是把才藝擺優先。而且母親假日也會帶她去植物園的科學博物館看京劇表演、美術館看展覽等。王春子笑笑說:「我媽真的很不一樣,但她帶我去的,都是免費的那種啦!」

　　有這樣支持自己、讓自己適性發展的父母,讓王春子在國小到高中都能夠感受到父母完整、不保留的愛,成為現在獨立、成熟的大人。那麼成為母親之後,她對待小孩的教養方式,又是如何?

「所有東西都可以在書本裡查得到,書裡的世界很大,只要你發現讀書有樂趣,或是對裡面的事物有欲望的時候,即使不是大家所謂在課業成績上表現很好的小孩也沒關係。」──王春子

　　王春子的兒子研人就像一頭活力十足的小雲豹,一下子洗玉米筍、切青蔥,一下子扮演餐廳老闆,要我們點菜,非常活潑主動。看著從三歲多就偶爾在廚房幫忙的研人很熟稔地搬出小凳子,打開水龍頭,興奮說出想要做什麼,而王春子也很自在的交待事情給他,有時提醒他,有時詢問他的意見,在嘩啦啦的水流聲、母子倆竊竊窣窣交談聲中,我們隱約看出她想跟我們說的教養態度。

不用權威讓孩子服從

　　兒子還沒出生前,王春子就和先生討論如何教養小孩,她主張對小孩不採用打罵教育。「你打他當然是很快就可以解決,可是那他以後對待事物的態度都會是這樣子,那你如何去說服小孩去質疑權

威呢？！」她認為，今天小孩做錯事，你可以用打的終止、阻止或反對他，那他就學會用打來解決事情，當別人有錯時也如此對待他們。更重要的是，一旦你打小孩，也就是讓他失去解釋為何做錯事的機會，也許可能是他反對這件事的本身。於是，他不再和你討論，不會思考問題何在，因為他怕你。

找到興趣，樂在其中

找到自己的興趣非常重要。因為做任何事，只有擁有熱情才能持久，如果不是你感興趣的事物，你就不會有熱情，就無法堅持下去。她覺得閱讀也是找到興趣的方法之一，當你想了解或探索事物時，透過閱讀書裡的世界，不只能找到答案，也能開拓視野。

喜愛閱讀

雖然因國中能力分班讓她放棄學校課業，她卻非常喜歡閱讀課外讀物，覺得閱讀是一件開心的事。雖然小時候住在很小的社區，但書本帶她遊歷不同世界。她最希望兒子能喜愛閱讀，所以在他很小的時候，就會陪他看書。現在兒子也很喜歡看書，覺得看書是有趣的事。她覺得閱讀很重要的另一個原因，是期許未來孩子遇到問題，即使她不在了，也能因為喜歡閱讀，從中找到解決的方法。

具備同理心

有同理心，就是可以站在別人的角度去想事情，這有點像善良，但這種善良是透過思考與理解後的行為，如果小孩具備這點，你就不用擔心寵壞他。所謂的寵壞就是當父母年紀很大時，小孩無法同理父母的處境，但當他有同理心我們就不用擔心。就像王春子小時候，只要想到父母的感受，就沒辦法使壞。

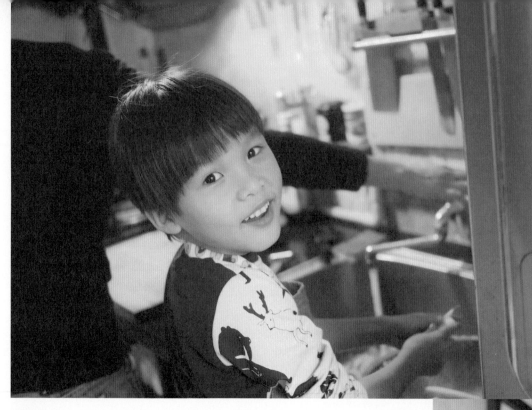

Family recipe

研人鹽之花
玉米鬚

這道料理開始於兒子研人的好奇心！
最後由媽媽王春子撒上鹽之花，
意想不到的食材，媽媽的調味，
這是一道成為美好回憶的料理，
而且非常爽口美味！

材料

玉米筍玉米鬚　6 支
鹽之花　少許
初榨橄欖油　少許

作法

1　從新鮮玉米筍拔下玉米鬚，泡水清洗。
2　燒一鍋熱水，水滾後丟入清洗好的玉米鬚，
　　川燙 2-3 分鐘。
3　川燙好的玉米鬚，撒上鹽之花、初榨橄欖
　　油，拌一拌即可以上桌。

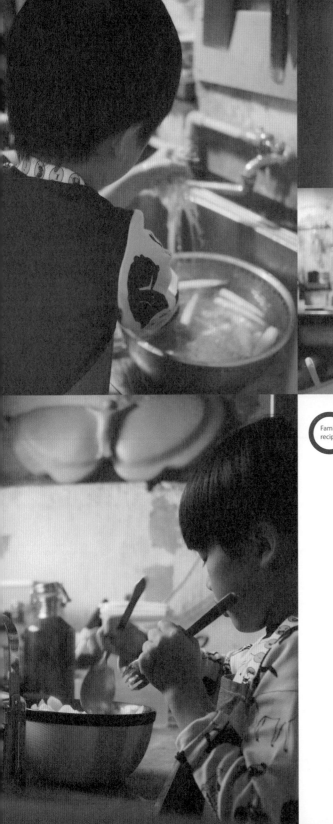

Family
recipe

馬鈴薯泥

材料

馬鈴薯　3 個
橄欖油　適量
海鹽　少許

作法

1　馬鈴薯削皮，大略切片，這樣蒸比
　較容易熟透。
2　用米杯裝一杯水，倒入電鍋，放入
　切片的馬鈴薯，蒸一段時間。
3　蒸好的馬鈴薯加入橄欖油和海鹽，然
　後把馬鈴薯搗成泥，就可以上桌了。

Family
recipe

豬肉捲

材料（3 人份）

豬肉火鍋肉片　1 盒
（約 300 克）

青蔥　1 把

玉米筍　1 盒

蜂蜜　適量

醬油　適量

鹽　少許

芝麻　少許

黑棚椒　少許

作法

1　豬肉片放入蜂蜜、醬油、鹽醃一下，
　　約 10 分鐘。

2　青蔥切段與豬肉片同寬，備用；清
　　洗好的玉米筍對半剖，備用。

3　切好的青蔥抓 4-5 根，和醃好的豬
　　肉片捲在一起。

4　捲好的豬肉捲和剖半的玉米筍放到
　　烤盤上烤，約烤 5 分鐘。

5　起鍋時，撒上芝麻和黑棚椒，就完
　　成了。

02

Just
PLAY

Just Play，懂得生活

👤 賴梵耘　　台北 ↔ 不丹

City.

女演員，父親為著名導演賴聲川，母親是丁乃竺。年少時，曾在《牯嶺街少年殺人事件》演出小四的么妹；也曾在父親著名舞台劇《暗戀桃花源》中扮演小護士，雖戲分不多，卻是帶給人最多笑聲的角色。2009 年與不丹駐科威特大使的獨生子 Pawo 結婚，現在定居台灣台北，育有一對兒女（長女 Oddi、兒子 Tata）。主要作品：《在那遙遠的星球，一粒沙》、《亂民全講》、《紅色的天空》、《出氣筒》、《那一夜，在旅途中說相聲》、《如夢之夢》等。

「我是不會讀書的小孩！我覺得可能不是我不會讀書，因為我小時候就會問：『學這些要做什麼？』我相信，每個小孩都不一樣，一個班級裡不是每個孩子都聽得懂老師講的方式！我就是不適合那樣子的方式，就是要用不同的方式。」

—— 賴梵耘

　　暫別螢光幕，長期定居印度的賴梵耘，在女兒已屆學齡時，決定搬回台灣定居。面對曾經熟悉的台灣教育環境與體制，她如何找到適合女兒 Oddi 的學習方式呢？她又是以怎樣的態度教養一雙兒女呢？

每個人都有自己的步調和開花的時間

　　青春期的叛逆有長有短，但賴梵耘的叛逆期卻比別人來得長。從 13 歲至 20 歲，長達七、八年的時間，不論在台灣或是在英國求學，常常翹課。不想上課

的她，那時候也沒有想要什麼，也不知道自己要什麼，只知道自己不想上課。在英國念書時，有一次她翹課跑到學校餐廳和人玩撲克牌，老師到餐廳抓人，她對老師說：「我就是不想上課！你能拿我怎麼樣！」

「在英國時，為了不想念書，做了很多跟念書無關的事。下課去餐廳打工，從傍晚六點到深夜十二點，就是想找到自己其他的可能性；翹課去看戲，因為學生票，看了大量電影、舞台劇，甚至音樂劇。」但是，這段時光，因為翹課看戲，讓她發現自己最愛的還是演戲，大學主修表演（Music & Drama）；下課在餐廳打工，讓她在17、18歲時，就和友人在倫敦策畫華人的大型派對，反而成為她很重要的經歷，她也希望女兒 Oddi 能早點出去體驗生活。

她認為自己很多東西並不是在課堂上學到的，也認為自己感興趣的事物，自然而然會找方法學好它，以便讓自己擁有它。這就是「動力」，但當孩子被要求無差別的坐在教室裡，以同樣進度，學習同一件事時，這「動力」便被扼殺了。就像父親賴聲川曾告訴她：「每個人都有自己的步調和開花的時間。」身為母親的她，希望能陪伴女兒找到自己的興趣與方向。

我們相信你

求學過程中，即使自己處於叛逆期，但雙親總是對她說：「不管怎樣，我們相信妳會好。」不過雙親口中的好，不是什麼成績好、名門學校、有成就，他們的「好」就是相信她不會走偏，不會變壞，能成為一個好人。在那段時期，賴梵耘最常聽雙親說的一句話就是「我們相信」。

20歲之前，影響賴梵耘最深的是雙親，擁有他們的信任，讓她不曾懷疑過自己，而且不管如何，父母也不曾對她說過重話。在教養兒女，她認為「互信」很重要。當你真的相信孩子時，他們能夠感覺得到，很自然的很多東西（話題、情緒、情感……）就會出來。

兒子 Tata 還小無法好好溝通，但 Oddi 已經小學二年級，她讓女兒瞭解，只要誠實，不管做了什麼事，都不會有事，即使是做錯事。

當我們在教導孩子時，很多時候到最後都變成一種情緒，已經跟原來那件事無關。當教導變成情緒，孩子必定會怕你，因為大人肢體比孩子大，孩子沒有選擇。大人情緒化的態度其實對孩子也是一種霸凌，只因我們比孩子強大，孩子就要聽我的。賴梵耘說：「我不喜歡這樣，只是我比較巨大，你就要受我控制。但這樣能夠控制多久，孩子會長大呀？！」

健康平安，懂得生活

婚後就和丈夫 Pawo 住在距德里車程 12 小時的印度山區，但賴梵芸非常喜歡山區原始自然的簡單生活。雖然物資缺乏，孩子可在大自然裡自由奔跑、撿花、餵牛……對他們而言那是天堂。他們真的很想繼續留在印度，但當 Oddi 需要上學時，山區求學不易，也曾嘗試自學請外籍老師到家教學，但因老師回國生產，而不得不放棄。

從小在印度長大的 Oddi 習慣親近自然環境，「剛回台灣，Oddi 想找一顆能爬的樹都找不到！真的好慘！」她只希望兒女健康平安，懂得生活。台灣齊頭、填鴨式的教育方式，對還在學中文的 Oddi 必定難以適應，賴梵耘也不喜歡這樣的方式。很幸運的在朋友介紹下，幫 Oddi 報名位於民生社區內，以蒙特梭利教學為號召的實驗教育。這個沒有教室和校園，以社區為家的自學團體，充分利用社區資源延伸為教學空間，公園取代操場，社區圖書館也成了學生的自學資源。

這個自學團體，沒有所謂的功課，每天上學就是「工作」，每個小朋友可以選擇不同的工作，每個學期要針對自己選擇的科目，譬如木工、雕刻、烹飪等，完成一個作品。Oddi 放學後沒有寫不完的課業煩惱，下課後的時光完全屬於自己，可以和爸媽一起下廚、晚餐、聊天、玩耍等，創造並體驗各種生活樂趣。看著八歲的 Oddi 熟

練切著胡蘿蔔、番茄，請求媽媽協助她，提醒大人食材的好壞，俐落的將食材放入鍋內，用手抓鹽調味，完全不需要依賴量杯或量匙，甚至還可以雙手甩鍋。賴梵耘笑著說：「她都一個人做了，這好像不是親子料理，是兒童料理吧？！」

無懼面對世界，Just Play

在 Oddi 三歲多就開始打蛋，在廚房裡幫點小忙，也會帶她認識植物、花草、蔬菜，她覺得這是生活中很重要的部分。面對廚房的爐火，Oddi 並不會畏懼，反而知道如何避開、控制它。賴梵耘不擔心女兒受傷，反而是擔心她因為受傷，產生懼怕，而不願再嘗試。面對這個不斷變化的世界，她希望兒女能夠以無懼（fearless）的態度看待這多變的世界，不要害怕嘗試改變，Just Play。

Just Play 有兩個意思，第一，用這樣的態度面對所有事情，你就不會恐懼，也就無懼；第二，賴梵耘是演員，play 有戲劇的意思，人生如戲，對小孩來言，就是玩。有些人可能會覺得這樣的態度不夠認真（serious），但如果因為太過緊張或在意，反而會壓力過大，用這樣的態度，不僅是玩玩而已，而是把每件事都當作有趣的，好好的「玩」成它，就能淡化那太過緊張的心情。

除了希望兒女能無懼的面對世界，她還希望他們能友善（kind），對人有所理解，以平等的態度待人處事，擁有給予的能力。看著坐在一旁陪著我們聊天的 Oddi，她說：「這世界唯一不變的就是世界一直在改變，很有趣！對吧！」，所以 Just Play。

Family recipe

不丹辣起司沙拉

材料

莫札瑞拉起司　1 份
芫荽　適量
番茄　2 顆
小黃瓜　2 條
花椒　少許
辣椒　少許

作法

1　小黃瓜削皮，切成小塊備用；番茄去蒂，切成小塊備用；芫荽洗乾淨，切碎備用；辣椒切碎備用。

2　花椒放入石臼磨碎，以釋放出香氣。

3　步驟 1 和 2 的所有食材，放入大碗內用手拌均。不能拌太久，小黃瓜、番茄出水太多，會不好吃。

4.　最後將莫札瑞拉起司剝小塊，放入大碗內一起拌均即可。起司就是調味料，所以不用再添加其他調味。

Family recipe

西式番茄蛋炒飯

材料

紫米飯　3 碗
番茄　少許
胡蘿蔔　少許
青江菜　半把
蛋　1-2 顆
奶油　10g
黑楜椒　適量
鹽　適量

作法

1　紫米飯蒸好，盛三碗放涼備用。
2　胡蘿蔔、番茄切大丁備用；青江菜大略切碎，備用。
3　熱鍋，少許植物油，先炒蛋，炒微焦黃起鍋。
4　不用洗鍋，加入奶油，炒胡蘿蔔、番茄，番茄稍軟就可放紫米飯，一起炒。
5　加入炒蛋，青江菜，一起炒。
6　最後加鹽調味，均勻拌炒即可起鍋。

03

強盗は
ダメよ！

不要搶銀行

長大不要搶銀行！

👤 青木由香　　台北 ⟷ 日本　City.

日本神奈川縣人，是畫家，也是作家。因為喜歡旅行，在大學時努力打工，盡情旅遊 40 多個國家，在體驗過台灣的腳底按摩，從此就愛上美麗的寶島，現在與先生定居台灣，育有一子。著有《麻煩ㄋㄟ、——給台灣人的日本人使用說明書》、《台灣你好本子》等旅遊相關書籍。創辦「你好我好」人生選物店。

「小孩不念書，我都理解，因為我也不想念。但不想念書，也要給他一種過生活的技術和觀念。」── 青木由香

　　「不要搶銀行！」一般父母應該不會對小孩的未來有這樣的期許吧？！但居住在台灣的日本作家青木由香，對兒子的期許就是「長大不要搶銀行！」為什麼青木會有如此令人意外的想法呢？

　　一切開始於某天和母親通話時，母親提及家鄉神奈川縣發生搶案。聽到這個消息，青木不像一般人開始責備搶匪，或抱怨治安變壞，而是覺得搶匪「很難過」、很可憐！這時，你一定覺得很錯愕，搶匪「很難過」是什麼意思？搶匪怎麼會很可憐呢？！

　　原來，「很難過」，是指「生活很難過」，向親朋好友借錢都借不到，工作也找不到，為了生存才會選擇搶銀行。以母親的角色去想像犯下搶案的男子動機為何，這也令她開始思考如何教育兒子？應該讓他具備怎樣的能力，才不會在未來，因生活無助而犯下大錯呢？由於兒子是獨生子，沒有手足互助，所以她希望為他建立良好的親友、社會關係，

教導他獨立生活的態度與技能。在未來，即使家人不在，兒子也能好好生活下去，而不是做出傷害他人，搶銀行這種令家人傷心的行為。

　　神奈川縣地理環境佳，包山納海，生長在這裡的縣民個性都很開朗，加上生活機能好，交通便利，許多人都選擇待在家鄉成家立業，但青木卻去了 40 多個國家，最後因為愛上台灣的腳底按摩，定居在台灣。是什麼樣的成長環境，造就現在如此特別、獨立、自由，具備同理心的青木由香呢？

不插手的幫忙

　　在小學五年級時，看到雜誌上有小女生烤蛋糕的食譜，便想嘗試做做看。某天在家，想烤出切面層次分明的蛋糕，但直到夜幕低垂也未成功！隨著時間越來越晚，母親說「超市快打烊了，我去幫你再多買些材料。」回來後，就獨留青木一人在廚房烤蛋糕。

 「我媽媽真的不會幫忙！一點都不會！」——青木由香

　　她還記得，那天她一直烤蛋糕烤到早上，還是不成功，那天早上準備出門上學的姊姊還嘲笑她那沒烤好的蛋糕。雖然青木一直說媽媽不會幫忙，但卻為她準備好足夠的材料，然後放手讓她去做。想想，現在許多家長擔心小孩在校成績不好，事情做不好，常出現代打行為，幫孩子做勞作、寫書法、畫畫等，有的甚至讓孩子先去睡覺。孩子成為旁觀者，事不關已，不知完成事情是需要付出努力的，不知如何培養自我要求的精神。青木的母親做到了大部分家長很難做到的事，那就是「不插手」的幫忙。青木的母親幫她瞭解，烤蛋糕這件事是她自己的事，放手是不給青木任何壓力，蛋糕烤得好或不好都在於她自己，這是一種對自己負責、自我要求的學習。

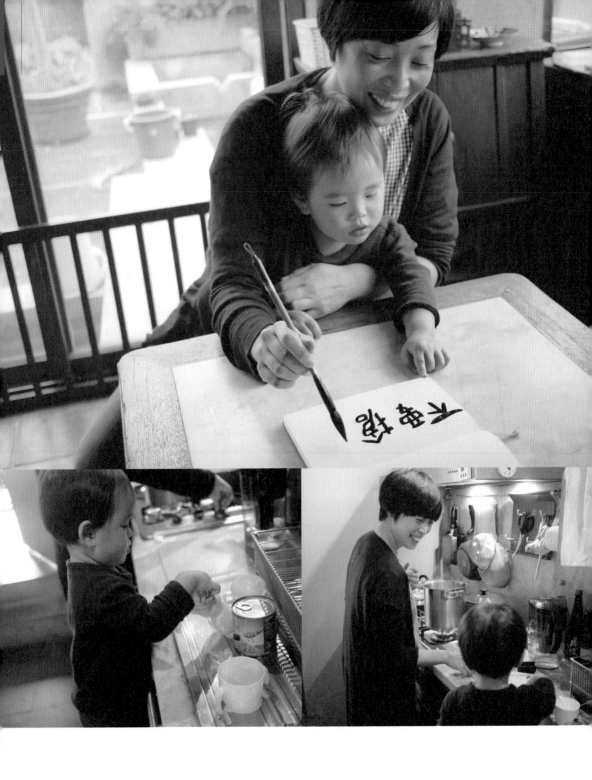

順勢引導，不強迫

　　日本和台灣一樣是升學主義，所以從學齡開始就得為成績操心。青木從小就喜愛畫畫，學校成績一直維持一般，她卻在國中的時候，告訴爸媽她不想念書，不想考大學，要做自己喜歡的工作——畫畫。我想只要家中有國中生的父母聽到這樣的話，鎮定一點的，心裡應該不停上演小劇場；驚慌失措的，家裡八成已經上演八點檔劇情了！而青木的母親就屬於鎮定的家長，用很平常的口吻說「那至少要把國中念好！」

　　青木一聽母親這麼說，心想只要把成績衝高，她畢業後就可以做自己最喜歡的事。於是她原本維持一般的成績，畢業時則衝到全班前10名。國中畢業後，她告訴媽媽說她不要穿高中制服，於是母親說：「那姊姊的學校不錯呀！雖然有制服，但鞋子、包包、外套都可以自己選。」日本高中很多學校的制服從頭到腳都規定要穿一樣的，既然這樣，青木她願意試試看。但她原本就不要念高中，所以她告訴母親：「只考這一間學校就好。」母親也很乾脆的答應。

　　當她繳交志願表時，班導卻很緊張的約談母親和她。為什麼呢？因為日本的高中，只要沒有考上，就沒有學校可讀，不像大學。而且青木只填了姊姊讀的高中，那所高中是全縣排名第二的名校，以青木目前的成績很難考上。老師責備她和母親，認為母親怎麼可以這麼不認真，應該要替小孩考慮未來。班導事先在青木志願表填上第二志願，青木發現此事，就當著老師和媽媽的面，拉著老師手上握著的紅筆把第二志願劃掉！老師雖然被青木的舉動嚇了一跳，但接著就笑了起來，似乎是明白青木的決心，於是，青木的志願表，依然只有姊姊那所高中，而她也成為姊姊的高中學妹。

喜歡，就能一直堅持

　　雖然上了高中，但一心想只想畫畫的青木，真的不知道為什麼要

念高中？於是青木將自己的想法告訴導師，導師建議她去考藝術大學試試看，甚至連家附近的畫畫老師也這麼說，於是她把這決定告訴母親。「東京離我們家很遠，沒有高中生會去那！那妳要不要先找找家附近的補習班？」可是家附近真的沒有考藝術大學的補習班「那要不要去東京試試看？」就這樣青木開始了，每天放學搭 2.5 小時的電車，半夜一兩點才回到家，回家後還要寫學校和補習班的作業，一天只睡三到四小時的補習生活，但青木覺得「因為很喜歡，每天這樣都沒關係」。雖然青木在學校沒有志同道合的同學感到寂寞，但在補習班她找到歸屬，大家對未來有一樣的期望，有聊不完的話題，儘管每天都很辛苦，卻也甘之如飴。

適時支持，更懂珍惜

父親在她小時候工作很忙，個性嚴肅，但很體貼小孩，也會支持小孩做喜歡的事。其實青木考藝術大學的過程不像之前考高中那樣順利，藝術大學考了三次才考上。在第二次沒考上時，母親生氣說：「明年考試不要去補習班，考藝術大學的補習費很貴，電車費也很貴，妳已經沒機會了，就待在家裡練習吧！」此時，平常不太說話的父親跳出來說「這樣太可憐了。我給她錢，讓她去吧！」只是簡單的一句話，但父親可是要付出很大的代價。在日本社會，絕大多數的先生都把薪水交給太太管，家裡支出都是太太在掌控，先生只向妻子拿少少的零用錢，青木的父親也是如此。父親的零用錢幾乎都快沒了，她覺得父親很可憐，所以她下定決心去考補習班獎學金，這樣補習費可以便宜一半以上，爸爸也就不會沒有零用錢可用！

問到影響她最大的人是誰？青木回答「應該是我自己吧！」很特別的回答，卻反映出家庭環境為她建立了非常完整的自我認同體系，對自己的堅強自信！所以，不要給小孩答案吧！讓他們自我開發，自我成長，因為沒有人能改變你，能改變你的，唯有你自己！

Family recipe

玉米菠菜義大利麵

材料

義大利麵　100g
吻仔魚　30g
蘑菇　3-5 顆
波菜　150g
玉米粒　50g
花生油　1 大匙
菊醬醬油　1-2 小匙

作法

1　清洗菠菜、蘑菇、吻仔魚。清洗乾淨後，菠菜要去蒂頭，蘑菇切片，吻仔魚瀝乾，備用。

2　燒兩鍋熱水，邊煮義大利麵，邊燙菠菜。

3　水滾後，煮麵的鍋內加 1 小匙鹽，再放入義大利麵，煮 20 分鐘起鍋，備用。

4　另一鍋，將洗淨去蒂頭的菠菜，整株放進熱水鍋內，川燙 1-2 分鐘後，起鍋放涼，再切成小段。

5　中小火起油鍋，加入切片蘑菇拌炒至半熟，再依序加入吻仔魚、義大利麵、玉米、菠菜拌炒均勻後，再加入菊醬，翻炒一下約 1 分鐘，看到義大利麵上色後，就可起鍋了。

Place
to go

青山聯合農夫市集

Tokyo, Japan

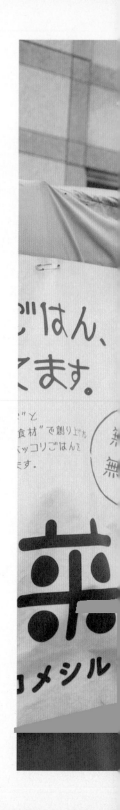

　我們抵達位於東京涉浴區的青山聯合農夫市集（Farmer's Market @ UNU）時，已經是下午四點半，許多熟食、啤酒攤位的料理皆已販售一空，掛上「Closed」的牌子。

　蔬果鮮食區則種類繁多，有遠自北海道來的小農，除了許多在地人會來採買食材，也有不少歐美人士攜家帶眷，來此採購新鮮有機食材，享受美食與啤酒。值得一提的是，現場攤販幾乎人人都能用英語和外國人溝通。入境隨俗，我們點了三種不同口味的啤酒和烤豬肉，坐在國際聯合大學的中庭，跟著大家一起大口喝著啤酒，吃著烤豬肉，隨著現場熱情的牙買加音樂，搖擺身體。

　這個市集每週會設定不同的市集主題，邀請農夫自行參與展售，網站及 Facebook 粉絲專頁都會公布當週的主題與參展農夫。我們去的那週主題是「啤酒與咖哩香料」，現場有許多日本自釀的特殊口味啤酒，當然也有國外知名

Farmer's Market @ UNU

📍 東京都涉谷區神宮前 5-53-70
　（青山國際連合大學前廣場）
🕐 週六、日 10：00~16：00

啤酒商擺攤販售或試飲，但相對的咖哩香料就只有一、兩
攤，這樣的對比，突顯出在日本，人人都愛喝啤酒，夏季
喝啤酒儼然成為日本全民運動。

　市集想要傳達的是一般流通市場無法傳遞的，關於風
土、農法、作物的大小事情。目前來擺攤的店家來自日本
各地，包括一年種植兩百種以上蔬菜的農園，也有自家採
種、生產義大利蔬菜的農家。另外，提供熟食的攤位，除
了多採用有機食材外，有的甚至是外國人在擺攤，譬如牙
買加料理，就是牙買加人製作販售；印度咖哩、香料的攤
位，就是印度人在介紹。

　離開市集時，我們也忍不住帶走了一大串粒粒巨大的巨
峰葡萄，回到飯店享用。

04

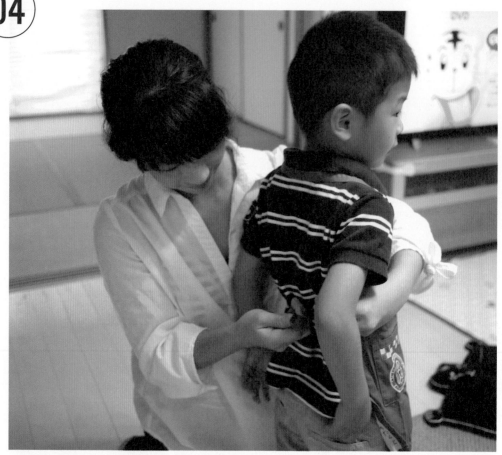

健康が
一番

健康第一的
章魚燒

City.
大阪

👤 美木昌弘　公務員　38 歲
👤 美木步　家管　35 歲
👤 11 歲　👤 4 歲　👤 1 歲

> 「姊姊在 2010 年去世，是我人生最大的挫折！姊姊的孩子都
> 還很小，卻無法再陪伴他們成長。這讓我體會到每天都要好
> 好過，大家不是都能每天一樣的生活著。」——美木太太

　　離開日本的前兩天，我們來到大阪的美木家訪問。坐著友人 Akiho 開的車，視野隨著蜿蜒舒適的公路前進，兩旁挺拔茂盛的樹木，若隱若現的公寓，真是讓人心情開朗的環境。當車子抵達目的地時，放眼望去都是獨棟兩層樓的房子，馬路上沒有車子行駛，除了我們的車子和兩三位小男孩騎著單車在路上奔馳。沒錯，我們來到一個居住環境優良，對孩子非常友善的住宅區。

　　美木一家五口在門口迎接我們，我們感到非常親切。Akiho 和美木太太是高中同學，平時也會帶著兒子來美木家玩，所以三個男孩子特別的親，現場氣氛一下子就熱絡起來，熱鬧無比，就像親兄弟在玩一樣（其中一位男孩還是嬰兒，無法加入遊戲）。我們不會說日文，當天便由 Akiho 擔任翻譯，訪問進行得很順利，真的很感謝她。

　　這一天要做的是章魚燒，美木太太本來希望大兒子也一起準備材料，但二兒子一副興致勃勃、躍躍欲試的樣子，體貼的大兒子就藉故離開，讓弟弟好好發揮。雖然大兒子個性溫柔體貼，加上年紀比較

大會幫忙照顧弟弟，讓她備感欣慰，但育兒過程最讓她困擾的也是「三兄弟年齡差距太大」，大兒子十歲已經很穩定，許多事情可以自理；二兒子四歲正處於活潑好動時期，大量精力等待消耗；小兒子才一歲還是嬰兒，需要大人無時無刻的關注。還好，他們兄弟個性很像，溫柔體貼，會互相照顧，但美木太太還是笑著說：「雖然如此，每天時間都不夠，總覺得兩隻手不夠用！」

面對三個不同年齡、個性不一、活潑好動的男孩子，美木太太如何心平氣和，溫柔以對？她的教養原則又是什麼？

健康第一，最重要

對於孩子未來的期許，訪問過許多家庭的我們，每當問到這問題時，做父母總是會想很久，甚至還會請我們給他們一點時間想一想，先問其他的問題。這一題，父母對孩子的期許有自信、負責任、獨立、被喜愛……父母對孩子未來期許，就像離巢雛鳥，面對廣闊無邊無際的天空，充滿著無限可能與希望。但對美木太太而言，當我們問到這問題時，她的反應是立刻馬上說：「健康第一，最重要。」

美木太太與原生家庭關係非常親密，姊姊過世是她人生最大的挫折，這件事讓她體會到每一天都要好好過，大家不是每天都能一樣的生活著。我們應該照顧好身體，好好把握當下。美木太太現在沒有和爸媽一起住，但從他們家開車到爸媽家也只要 20 分鐘，即使住得那麼近，爸爸也常來送蔬菜，但如果一星期沒打電話回家，爸媽會生氣說：「在做什麼？為什麼都沒有連絡？」雖然住得很近，但因為沒有住在一起，爸媽還是會擔心。

用心讓孩子感受幸福

孩子挑食，是許多父母的煩惱。我們問美木太太，碰到孩子不喜歡吃的食物時，會怎麼處理？美木太太的母親也是家庭主婦，在她

讀高中時，母親每天都幫她做便當，畢業那天還在便當袋裡放一封恭喜她畢業的信；美木太太的父親退休後，在住家附近開始自己種菜，常常會送一些季節性蔬菜，但有些孩子不愛吃，再加上季節性，常常某一種蔬菜特別多。

美木太太是在家人細心、用心的呵護下成長，希望孩子們也能感受到當初她享受料理的幸福，所以她會上網找食譜，把同一種蔬菜加以變化，讓孩子們可以把不喜歡的蔬菜吃下去。譬如，孩子不喜歡青椒，如果直接烤、燒或炒，孩子可能不會吃，因此，她會加入孩子愛吃的食物一起料理，譬如加起司焗烤或放入咖哩讓小孩吃。

重要的事情，爸爸來說

大家對於日本先生的印象就是忙著工作，家裡的大小事都交給太太獨自承擔，包括育兒。美木夫妻在教養孩子方面，則是共同分擔。美木太太對於孩子的日常生活習慣會反覆叮嚀，「平常都是我碎碎念孩子，一旦有很重要的事要孩子們聽進去，一定是爸爸來說。」

美木先生平時忙於工作，但只要有空，都會幫忙一起照顧孩子或做家事，「比其他家的先生，算是滿努力的。」沒錯，我們到訪適逢假日，美木先生沒有上班，整個訪談過程中，他除了一直抱著小兒子坐在客廳，還要不時跟著逃離料理現場的兩位小男孩一起玩，可是臉上沒有一絲不耐。在美木家沒有黑臉或白臉，孩子們的溫柔體貼，也許是天性，但耳濡目染才是關鍵！

美木太太從小成績就排名前三，本以為她的雙親必定很在意學校學業成績，結果卻不然。「爸媽從來沒有要求我要認真念書。」所以，問到他們是否會很在意大兒子學校的成績表現，「不會特別在意和要求，只希望他喜歡閱讀。」最後，我們問美木太太希望小孩擁有什麼個性特質？美木太太說：「我希望他們快樂。」我們在三兄弟愉快的笑聲中，結束了訪問，但真誠希望這發自內心最單純的笑聲能一直陪伴著他們長大成人。

健康第一的章魚燒

材料（約 20 個）

章魚燒粉（低筋麵粉）　100g
雞蛋　1 個
水　300ml
章魚　約 40g

自選配料

蔥、紅薑、天婦羅粉、
香腸、玉米、起司等
日式燒魚章專用醬
日式美乃滋
海苔粉
細柴魚片

作法

1 章魚燒粉加入雞蛋，加水後攪拌做成麵糊。若使用低筋麵粉，則需加高湯粉。

2 烤盤加熱，刷上沙拉油，再將麵糊倒入模型中約五分滿。

3 依序放上章魚、配料，再倒滿麵糊。

4 中小火慢慢煎，煎至金黃。等底部變硬後，拿長竹籤翻轉，轉成外表圓形。

5 再將煎好的章魚燒刷上醬料、美乃滋、海苔粉、柴魚片。

05

笑顔で
いられる
人生を

以笑顏面對
未來的每一天

City.
大阪

♟Tale 爸　商社職員　36 歲
♟Akiko　家管　36 歲
♟Tale 君　4 歲

「我 16 歲時加入 Hippo Family Club，雙親也一起加入。在
這個大家庭裡我獲得一切，不論是在家庭生活或個人成長。
Hippo Family 就是我的生活，讓我可以敞開心胸，擁抱世界及
來自不同國家的人們。我很放心讓孩子在這個大家庭成長，
未來也希望他能夠用微笑擁抱世界。」── Akiko

　　我們到日本觀光少說也有五六次了，對日本文化
不陌生，但畢竟觀光和訪問還是有所不同。出發前
也仔細詢問日籍朋友拜訪日本家庭應注意的禮節，
伴手禮是一定不能少的，早早就準備齊全。但仍擔
心是否會做出不合當地禮儀的行為，心裡戰戰兢兢。
但在這次的採訪，我們很開心認識 Hippo Family Club
這個大家庭，除了受訪的女主人 Akiko，Kagarin ちゃん[1]、
Yuki ちゃん、Tomo ちゃん、Deco ちゃん、Chierim ちゃん，
每個家人都給予大大的擁抱，熱情接待我們。

1 | ちゃん（chan、將）：這是個用來稱呼小孩及親密朋友或家人的不正式稱
謂。採訪當天氣氛融洽，當我們詢問要如何稱呼在場的媽媽們，她們請我們
在名字後加ちゃん，當時並不知道什麼意思，現在才知道原來這是親密朋友
之間的互稱，一下子我們就拉近了彼此的距離。

當天 Kagarin、Yuki 不僅到車站接我們，兩人還分別準備見面禮給我們，讓我們受寵若驚，也感受到日本人周到的禮節。由於女主人 Akiko 住所位於郊區，大眾交通較不便利，Kagarin 還特別請休假中的丈夫開車送我們。出門在外，尤其在異鄉，陌生環境總讓人忐忑不安，有在地人願意到車站或機場接送，心裡的感動就像是在寒冬將雙腳放入足湯忍不住發出一聲微小卻又幸福滿盈的感嘆，一顆心也就跟著安定下來。我們也要特別感謝台灣 Hippo Family Club 的秀美姊，無數次的訊息往返，替我們聯繫受訪家庭，才能認識這麼棒的大家庭。

Hippo Family Club 成立於 1981 年，以「語言和人類」為研究主題，透過實踐多國語言的自然學習，達到國際交流。成員年齡不限，各年齡層一起參與活動，就是希望大家在碰到新語言時，如同嬰孩一般聽到什麼就說什麼，從生活中學起。

Tomo 說：「日本很長一段時間認為只要會說英文，就可以和世界做朋友。但 Hippo Family 認為如果可以說任何一個國家的母語那會更親近，因此在 Hippo Family 會希望大家能夠說 7 － 9 種語言。」所以當天，現場的媽媽們也有用一點點中文和我們交談，讓我們超驚喜。

大阪的招牌食物果然就是章魚燒，朋友說：「基本上大阪每個家庭都會有章魚燒機，每個大阪人從學齡前開始就會做章魚燒。」果然我們一到 Akiko 家，家庭號章魚燒機已經準備就緒，擺在餐桌上。因為家家戶戶都會做章魚燒的緣故，也造就每個家庭獨特的章魚燒口味，譬如加魔芋（蒟蒻）、馬鈴薯等，口味多變，完全融入大阪家庭的餐桌。Akiko 家的章魚燒會加入起司和維也納香腸，是非常適合小孩的西式口味。Akiko 忍不住說：「都是因為 Tale 很喜歡起司和維也納香腸。」

麵糊倒入章魚燒機，大家一邊聊天，七手八腳放入切成小塊的章魚、香腸，再撒上麵酥、紅薑絲、起司。章魚燒麵糊在炙燒熱鐵板上被油脂燒得滋滋作響，大家眼神頓時變得專注，拿著竹籤的手俐

落翻轉著，那神情、那氣場，彷彿每個人都化身章魚燒職人，每個翻轉皆是完美半圓。年僅四歲的 Tale 躍躍欲試，婆婆媽媽們手法雖不熟練，但架勢十足，而我們兩個台灣人，不知哪來的膽子，也許被氣氛感染，自告奮勇翻轉章魚燒，但成果都比不上四歲的 Tale。

Hippo Family Club 就是 Akiko 的生活，在大家庭裡成員們互相照顧，學習成長。這個大家庭如何影響她？Akiko 對兒子的教養態度又是如何呢？

來自大家庭的支持

16 歲加入 Hippo Family，Akiko 在這裡不僅認識一群摯友，也認識生命中重要的伴侶——Tale 爸，雖然 Tale 爸因為工作，單身赴任墨西哥，但對 Akiko 一個人帶著兒子並沒有太大困擾，因為她們居住的社區就有許多 Hippo Family 的成員，大家互相幫忙，所以即使 Tale 爸短時間無法待在他們母子身邊，他們也不會感到不安。

兒子四歲時，Akiko 開始兼職，一週上班三天。當她上班，Tale 就去幼兒園；沒有上班的時候，就會帶他去 Hippo Family。在那裡有許多家人在，不僅 Tale 有同年齡的玩伴，也有許多媽媽朋友可以聊天，她們不僅是她生活的顧問，也把 Tale 當作自己的孩子或孫子一樣疼愛。

用行動，讓愛看得見

家庭給予 Akiko 的教養態度就是「家人的愛」，對家人展現關心與關愛，卻不會過度干預，而是給予空間，陪伴、理解與支持。譬如，16 歲時加入 Hippo Family Club，雙親也一起加入，跟著她一起學習語言，支持她認識世界的夢想；高中時她喜歡畫畫，不喜歡讀書，認為大學就是讀書的地方，所以對於升學一事感到非常困擾，後來有朋友說進入大學要念設計，她覺得自己也可以念設計，父母也支

持她，於是大學就主修藝術設計。

「我們會展現出對家人的愛，用行動來支持，但並不會用說的。」就像大學主修設計，但設計工作僧多粥少，在與家人討論之後，再去廚藝學校進修一年，得以在名古屋知名飯店擔任廚師一職。對於她的許多決定，父母總是以正面態度，用行動支持她。

學會說謝謝與對不起

總是被家人愛包圍的 Akiko 對於兒子的教養，認為最重要的是要學會說「謝謝」與「對不起」。Akiko 認為能夠把這兩句話好好的說出來，就是很了不起的行為，同時也是對自己所作所為負責任的態度。「謝謝」代表著當我們面對世界上不同的人、事、物皆存著感激之意，是自身修為的準則；「對不起」則代表我們有勇氣面對自己錯誤行為的開始，是自我修正再前進的動力。

在大人忙著聊天時，Tale 被冷落在一旁。畢竟我們是用英文和一點點中文在交談，看著大人吃著點心開心聊著，而他一個人沒人陪他玩耍，又無法加入談話，無聊到開始生悶氣、鬧情緒，此時本來在一起聊天的 Hippo Family 媽媽們，自然而然的輪流離開去陪伴他。面對此情況，Akiko 很能理解他的行為，等兒子情緒稍微緩和時，她語調平和向兒子說明現場狀況，並告訴兒子這樣的行為讓她無法和來訪的阿姨好好聊天，應該要跟她說對不起。

以笑顏迎接未來

對於孩子的期許，她希望孩子能夠「喜歡他選擇的路，並用笑容去迎接未來」。Akiko 認為孩子會一天天長大，而且他也必須要長大，就如同成為大人的我們一樣，會發現長大不再像小時候幻想的那麼美好，而在一步步瞭解長大到底代表什麼的時候，Akiko 希望 Tale 能享受一路成長的風景，不論順境或逆境，都能用笑容面對。

笑容何以對生活來說如此重要呢？因為笑，是肯定的、正面的，它能帶給你能量，也能感染他人。再說為什麼要否定自己選擇的道路呢？能夠做出選擇，表示自己是從幾個選項裡，經過一番評估後才決定，而且也已經走在那路上了，如果連自己都懷疑，那支持你的朋友和家人，不是會替你更感到不安嗎？所以，給自己的決定送上大大的微笑，好好享受未來路上的風景！

　　有人說，「相較於關東人，關西人比較熱情！」在短短幾個小時與少數家庭接觸訪問，我們無法客觀去評斷，到底是關東人，還是關西人比較熱情。但採訪三個不同的大阪家庭，面對完全是陌生人的我們，他們友善的笑容、自然不做作的態度，真的讓我們感受到關西人的熱情，也讓訪問過程裡笑聲源源不絕。

　　今天有幸能夠認識 Hippo Family 這個大家庭，現場除了 Akiko 和我們的孩子還是學齡兒童外，其他媽媽的孩子，不是高中生，就是大學生，甚至還有孩子已經出社會，看著他們還這麼努力充實自己，每一位都嘗試學習三、四種不同國家的語言，接待其他國家的人到家裡作客，甚至是交換住宿，就覺得自己的學習之路還很長，不管年紀多大，還是可以作夢、逐夢。

Family recipe

章魚燒

材料（約 40 個）

章魚燒粉
（低筋麵粉） 200g
雞蛋 2 個
水 600ml
章魚 約 60g

自選配料

蔥、紅薑、天婦羅
粉（現成）、香腸、
玉米、起司等
日式燒魚章專用醬
日式美乃滋
海苔粉
細柴魚片

作法

1 章魚燒粉加入雞蛋，再加水後攪拌做成麵
　糊。使用低筋麵粉時，需要加高湯粉。

2 烤盤加熱，刷上沙拉油，再將麵糊倒入模型
　中約五分滿。

3 依序放上章魚、配料，再倒滿麵糊。

4 中小火慢慢煎，煎至金黃，等底部變硬後，
　拿長竹籤翻轉，轉成外表圓形，再將煎好的
　章魚燒刷上醬料、美乃滋、海苔粉、柴魚片。

06

優しい
気持ち

温柔體貼的人

圓圓的東京壽司

City.
東京

👤Hidemitsu 料理職人
👤Akiko 家管
👤Ekura

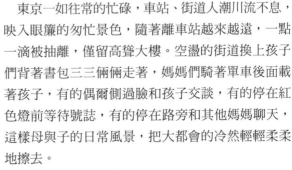

「十年前母親過世了，生產的時候只有自己一個人，要做什麼完全不清楚。現在，大部分雙親會來幫忙或照顧小孩，但我家的狀況不可能。真的一堆令人感到驚訝的事，例如餵孩子喝奶，孩子吐奶就讓我嚇一跳！即使是很一般普通的事情，我還是不懂。」── Akiko

　　東京一如往常的忙碌，車站、街道人潮川流不息，映入眼簾的匆忙景色，隨著離車站越來越遠，一點一滴被抽離，僅留高聳大樓。空盪的街道換上孩子們背著書包三三倆倆走著，媽媽們騎著單車後面載著孩子，有的偶爾側過臉和孩子交談，有的停在紅色燈前等待號誌，有的停在路旁和其他媽媽聊天，這樣母與子的日常風景，把大都會的冷然輕輕柔柔地擦去。

　　今天的親子料理是外形像飯團的生魚片壽司，跟一般壽司店吃的壽司有點不同。為什麼要做成圓圓的呢？因為是跟孩子一起做，孩子小小的手，捏成圓圓的最順手，而且圓圓的很討喜，在圓圓的壽司飯放上孩子愛吃的海鮮、玉子燒、紫蘇，就完成了。

平常 Akiko 會和 Ekura 一起做料理，但壽司料理卻是第一次，她仔細講解，示範怎麼捏壽司，四歲的 Ekura 雖急著動手做，但也會不時抬頭看看媽媽，確認自己有沒有做對。孩子就是孩子，雖然手很忙、很專心，但還是問媽媽許多問題，像是綠色的葉子是什麼？可以放兩片嗎？我可以現在吃鮪魚嗎？

在東京都育兒的新手媽媽 Akiko，因為母親過世，加上姊姊沒有孩子，身旁沒有親近的親友長輩提供意見幫忙，先生又工作繁忙，平日只有她和兒子一起，所以她僅能一路獨自摸索，直到自己習慣為止。但，也許就是因為沒有標準和規範，反而讓她更能從各種角度去思考育兒的方法。

學習 vs. 玩樂

父親從小很注意 Akiko 的學習狀況，會指導課業，是影響她最深的人。而她對於父親的回憶幾乎都是他在生氣及自己被罵的情形，但她一直記得父親反覆對她說的一句話：「學習不會背叛人！只要學習了，就會變成自己的東西，做了就會對自己有幫助。」雖然她認為孩提時期能夠認真學習很好，但年僅四歲的 Ekura，目前對他發展最好的方法，就是盡情玩耍，想玩就玩，因為也只有在這個年紀才能毫無顧忌的好好玩遊戲。所以，她幫兒子選擇了能夠盡情玩樂的幼兒園，而且園區內種植許多綠色植物，可以讓孩子更貼近自然，這在東京是很少見的。

安靜 vs. 不安靜

在日本訪問期間，旅途中常可看見日本孩童在電車、車站、餐廳等公共場合都很安靜、守規距。我們對此大為讚賞，也詢問 Akiko 平常是如何教養孩子守規距。她認為日本孩子也有不安靜的，畢竟孩子就只是孩子，身處陌生環境也會緊張。對於兒子的身教，在家

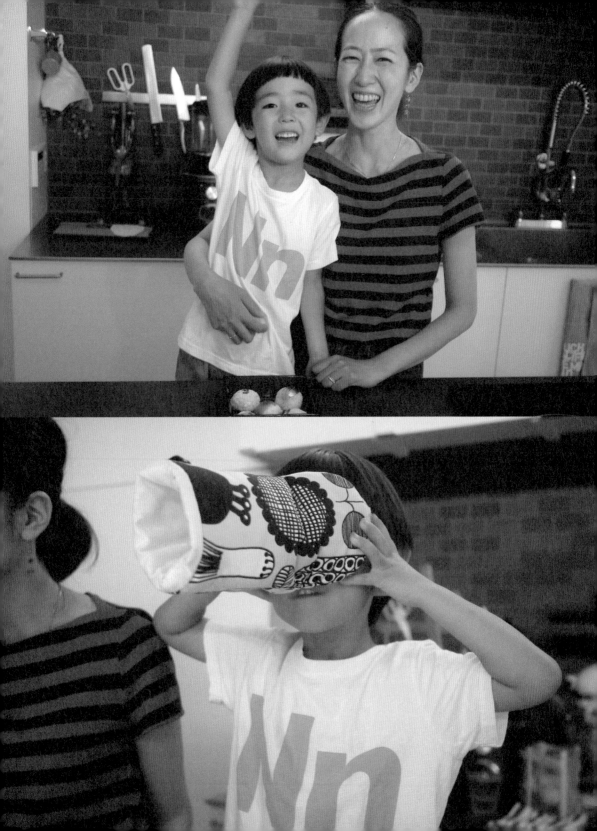

裡她會要求，吃飯要保持安靜，坐要有坐相，不要站著吃飯等，該有的禮節平時都會教導他，所以兒子在外就會比較守規距。當然小孩不守規距時，她也會生氣，但 Akiko 莞爾：「雖然平時都有教他，但朋友一起玩得很快樂時，就會忘了禮節。」

介入 vs. 放手

日本的教育重視人與人之間的協調關係。當我們和 Akiko 聊到兒子學校生活時，Ekura 有點生氣的抱怨說「拍打他鞋子的某某同學不是他的朋友。」Akiko 認為兒子在學校和朋友玩時，難免會有爭吵，也有打人與被打的情況，就算父母知道了，想了很多方法試著幫忙解決，但通常效果不佳，因為小孩子有自己的解決方法。當然，這樣也可能會產生麻煩的問題，所以到底是介入或放手，真的不容易拿捏，這也是當父母最傷腦筋的地方。

好奇心 vs. 溫和待人

當問到希望兒子擁有什麼特質？Akiko 一開始希望兒子擁有她沒有的「好奇心」，期許他有無限的動力去勇敢追求他想要的！隨後她想了想，告訴我們有一次帶家人到台灣旅行，在電車裡有位台灣年輕人看到她高齡的父親立刻起身讓坐，她形容那位年輕人迅速反應是一種毫不猶豫的態度，真的讓她覺得很親切，她非常感動。聊到這，她表示反而不希望兒子有很多好奇心，而是希望他能擁有更多不同特質，經過一番深思後，她希望兒子能成為溫柔、理解人心的人。

媽媽的專屬時間

Akiko 就像大多數父母一樣，日復一日照顧孩子，要擔心要煩惱的

總是沒完沒了，像是早起、健康等問題，這些看似很小的事情天天在上演。媽媽不是超人，會累，也會煩悶，所以每當兒子早點就寢，接下來就是 Akiko 自己的時間。即使身心再怎麼疲憊，Akiko 還是很珍惜這一小段屬於自我的時光，好好觀看她最愛的動作片。說到動作片，她眼裡閃耀光芒，像個找到最愛玩具的孩子，「可以好好放鬆，彷彿自己也發洩了一頓。」

　　育兒是勞心又勞力的工作，就像我們問 Akiko 育兒上最困擾她的是什麼？語調一向優雅平靜的她，這時情緒起了波瀾：「啊～該說什麼呢？！實在太忙了。」這句「太忙了」道盡所有育兒媽媽的心情。育兒的態度與觀念，千萬不要像我們一開始對東京的誤解一樣，以為只有冷漠，其實不盡然，都有多面性，沒有好壞、對錯，而是在你與它相遇時，你用怎樣的態度，接受那一面向罷了。

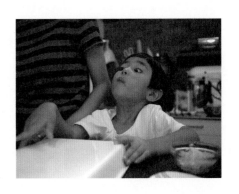

Family recipe

圓圓握壽司

材料

白米　1.5 杯（量米杯）
白醋　30ml
白砂糖　15g
鹽　1 小匙
鮪魚　3-4 片
竹筴魚　3-4 片
花枝　少許
鮭魚卵　3-4 片
干貝　3-4 個
蛋絲（片）　少許
紫蘇　數片

作法

1　首先將白醋、白砂糖、鹽水拌勻，做成壽司醋，也可使用市售壽司醋代替。

2　白米清洗乾淨，別洗太用力，避免米粒破碎。接著白米 1.5 杯＋水 1.5 杯，放入電鍋蒸煮。

3　趁熱把飯倒出，趕緊加入壽司醋，旁邊放電風扇幫忙散熱降溫，拿大飯勺把米飯和壽司醋拌均勻，風扇持續吹涼。

4　在砧板舖上保鮮膜，放上配料，放上已經吹涼的壽司醋飯，將保鮮膜四邊往內包，捏成圓形，即可。

5　紫蘇會增加魚肉香氣，擺盤也更加美觀，可依個人喜好添加。

東京輪胎公園

Tokyo, Japan

Akiko 假日會帶兒子到公園遊玩。提到公園，Ekura 很興奮的説著「輪胎公園」。俗稱「輪胎公園」的西六鄉公園（Nishirokugo Koen）位於東京大田區的蒲田車站步行約 10 分鐘，自 1969 年開園以來已經有 40 年以上的歷史。西六鄉公園利用 3000 個舊輪胎打造的遊樂器材，是非常環保的作法。此外，輪胎的彈性有著緩衝效果，所以也較不會有受傷的風險，家長可以安心讓孩童在這裡盡情玩耍。

輪胎公園以一隻高 8 公尺的「哥吉拉」為指標，這隻禁止攀爬的哥吉拉，由 230 個輪胎組成，從頭到尾長達 20 公尺，吸引大人和小孩圍觀。除此之外，還有多種輪胎製作的遊戲器材，包括巨型輪胎盪鞦韆、巨大溜滑梯、輪胎攀爬架、輪胎吊橋等。喜歡哥吉拉怪獸的人，可以在 2015 年日本賣座電影《正宗哥吉拉》中，看到哥吉拉就是從流經大田區的呑川逆流登陸蒲田，那時還像爬蟲類的哥吉拉第二型態，又被暱稱為「蒲田君」，笨拙的樣子意外在日本爆紅。

從蒲田站出來往左邊走，順著馬路，沿著鐵道一直走即可到達西六鄉公園。下午四點是孩子午睡後出來玩耍的時間，公園裡充滿孩童的嬉笑聲，不止是小孩子，連大小孩都滿臉笑容。公園的地面以沙石舖設而成，雖然到處是文明的產物輪胎，卻奇妙的感受到大地原始的召喚，也許是哥吉拉的力量，讓現場充滿不受拘束的自在感！

西六鄉公園 (輪胎公園)

📍 大田區西六鄉一丁目 6 番 1 號
🕐 全年無休

07

愛が来る子

帶來愛的孩子。

愛一直來
的漢堡肉

City.
大阪

👤Ann 爸　上班族
👤Amy　醫療管理者
👧7 歲

「我成長過程一直都很受寵，個性也很天真，我不會用和雙親一樣的方式教養女兒，也許有些相同，但應該是相反，因為如果我用雙親對待我的方式對待女兒，她只會感受到身為父母的我們很偉大，卻感受不到愛。」——Amy

　　陽光燦爛的週間午後，母女穿上圍裙，性格開朗的媽媽 Amy 跟 Ann 說：「Let's cooking.」，母女輕輕哼著只有她們知道的歡樂節拍，身體隨著節奏輕輕搖擺。今天的親子料理是漢堡肉，Amy 告訴我們，待會要和朋友聚餐，今晚不會在家吃飯，漢堡肉是給晚點下班的丈夫享用。Ann 一邊揉捏著絞肉，一邊開心說：「今天做爸爸喜歡的漢堡肉！」給爸爸的那份漢堡肉，比其他的來得大。

　　可愛的 Ann 面對鏡頭與陌生的我們，表現落落大方，讓我們忍不住一直讚美她。Amy 表示，之前也有朋友邀請 Ann 當模特兒拍照，她都說不要！今天的採訪特地先詢問她的意見，沒想到她居然同意，而且還很期待。聽到媽媽一副不知她為什麼會答應

拍照的發言，Ann 甜甜的、帶點撒嬌的說：「自己的話不要，跟媽媽一起的話，可以！」聽到這樣的回答，Amy 促狹微笑說：「妳很會說喔～」母女倆的對話，彷彿在黑夜中急駛的火車車廂內，聽到一曲溫柔、幸福與愛的小調。

回想那個午後，總是讓我們嘴角上揚的對話，母女倆快樂哼唱的身影，是怎樣的生命經歷，讓 Amy 對於 Ann 未來的期許，是有自信，不要變成特立獨行的人，能夠被大家喜愛，被愛圍繞呢？而又是怎樣的教養方式，讓年僅七歲的 Ann 能夠如此清楚表達自我呢？

盡早體驗團體生活

一樣是獨生女的 Amy 從小過得非常自由，父母不會因為只有她一個孩子，就過度保護、管教她，反而給她完全的自由，在沒有任何限制與規範下，「我被寵得很天真。」認為自己一個人長大，變得比較自我，她不希望 Ann 像她一樣，於是早早就送女兒進幼兒園體驗團體生活，不讓女兒覺得都是自己一個人，而能夠在團體裡，學習接納與被接納，更重要的是，學會為別人著想。

小時候常被欺負的 Amy，不希望自己的孩子因特立獨行的言行舉止受到攻擊，所以時常告誡女兒，我們家的教育是這樣，但別人家不一樣喔！在團體裡，必須懂得尊重他人的想法、意見與態度，還有接受不同，因為別人是別人，我們是我們。現在已經小學一年級的 Ann，放學後最常做的事，就是在家附近和同學、朋友一起玩捉迷藏、騎滑板車……一直玩到天黑才回家。

不收拾，媽媽會生氣

雖然女兒已經七歲，但教養上還是不習慣，因為自己是獨生女，父母很寵她，她不想用和父母一樣的方式，但又沒有參考對象，只能用自己的方式來做。現在令她困擾的教養問題，是 Ann 不會整理

自己的東西。當我們問到怎麼處理時，Amy 看著女兒反問怎麼做呢？Ann 馬上回答「媽媽會生氣。」「對耶！會說要把全部玩具都丟了。」

　　雖然一直說要丟掉玩具，卻從來沒丟過。有一天 Amy 真的把玩具裝到垃圾袋裡，用認真的態度告訴她，這些玩具很可憐，還可以玩，就因為她沒有好好整理，要被丟掉，玩具會哭。那時 Ann 才開始有危機感，真的再不整理會被丟掉。那一次像儀式一樣，在要被丟的玩具前，對每個玩具說再見和對不起，害玩具沒有家，結果 Ann 一邊哭一邊說。當然，最後沒有丟掉玩具，也跟她溝通，知道自己不對的地方就沒關係，還勉勵她想做的話一定辦得到。

專才比學業成績來得重要

　　她和丈夫從沒想過要 Ann 一定要拿到平均以上的成績。問到他們希望孩子擁有什麼特質，希望孩子有自信，但如果孩子具備某種才能，會努力朝著那方向栽培孩子。Ann 在三歲開始就一直說要當漫畫家，Amy 也跟她說「妳可以！」並打算栽培她，只要 Ann 想要的未來，會努力協助她。Amy 看著 Ann 說「妳想去念美術大學嗎？」雖然才七歲，卻可以感覺 Ann 堅定不移的說「美術大學！」

　　Ann 做料理的過程中，不時舞動身體，展現對舞蹈的熱情，於是我們好奇問她：「妳喜歡跳舞嗎？」「喜歡，但不喜歡跳別人要求的舞蹈。」是的，喜歡跳舞，不代表一定要去舞蹈教室學會跳舞，看她自然而然隨著自己哼出的節奏搖擺舞動著，想跳就跳。如果，這不是自信，是什麼呢？！

珍惜每一刻，做自己

　　Amy 在高中時，曾因為突發的重病而差點離開人世。沒有生病之前，理所當然覺得每天都會來臨，可是自己卻突然像戲劇一樣被告知沒有明天了！沒有明天變成可能成真的事，就開始想今天不說可

能明天就不能說；今天不做明天就沒法做了，於是開始常懷感謝的心。高中生病這件事，讓自己想法改變許多，更懂得珍惜當下，對於自己想說什麼，想做的事更積極主動，也因此會鼓勵 Ann 做自己想做的事，勇敢為自己發聲。

當我們和 Amy 聊天時，Ann 在一旁聆聽著，聽著媽媽聊到高中生重病，幸運活下來後，改變對明天、對當下的態度，還是孩子的她問媽媽：「『死前想做的事情清單』是什麼？」Amy 雖有點驚訝，但個性開朗如她，打趣的回說：「出道！」只見 Ann 發出好大聲「咦？！」然後母女倆一起燦笑。

愛是人生最難的課題之一。愛上一個人很簡單，但怎麼好好愛，卻非常難。許多人都找不到適合的詞彙來描述愛，不管是對情人、父母、孩子、親人、朋友、事物，愛的模樣太多，以致於我們面對它，就像急速行駛隧道燈火通明的列車，我們乘坐其中，往窗外一望，卻只見窗上自己的面孔。沒有人可以評論他人的愛，但為人父母，最想讓孩子感受到的絕對是滿滿的「愛」。

ハンバーグ
①玉ねぎをみじんきり
②玉ねぎをフライパンで、アメいろになるまで、いためる。
③パンコを牛乳にひたす。
④ミンチに玉子と玉ねぎと牛乳にひたしたパンコを
　いれる。
⑤はおとこしょうとナシメグを入れる。
⑥まぜる(にねる)
⑦こばん形にする。
⑧やく(フライパンやホットプレートで)

Family recipe

漢堡肉排

材料

牛絞肉　300g
豬絞肉　200g
洋蔥　約半顆
麵包粉　50g
蛋　1 顆
牛奶　約 15ml
胡椒　適量
鹽　適量

作法

1　洋蔥切丁。熱油鍋清炒至焦糖色，至洋蔥香氣出來。也可不用炒過，但要切細一點，否則煎的過程容易焦掉，口感也過脆。

2　蛋、牛奶、麵包粉拌勻備用，幫助麵包粉與絞肉混合，也可讓成品較多汁軟嫩。

3　牛、豬絞肉，與洋蔥，調味料及麵包粉糊混合。混合絞肉與其他食材最好的方式，是用清洗乾淨的雙手輕輕混合絞肉，讓手的溫度融化油脂。

4　用手拌勻，輕搓揉壓約 3-5 分鐘，讓絞肉呈現稍微泥狀的感覺。

5　取適量揉成肉球狀，用雙手互丟摔打出空氣並稍微壓成扁圓狀。中間部分要壓一個小凹洞，幫助煎烤時容易熟透均勻。

6　熱油鍋後，將厚度約 2cm 漢堡肉放入煎鍋，中小火一面煎 5-6 分，翻面再煎 5-6 分鐘，注意漢堡厚度愈厚，時間愈要拉長。

7　煎好的漢堡肉在鍋內用筷子插中心點，如果筷子溫熱，擠出的肉汁是透明不是血色狀，表示已經煎熟。

photo © Vivian Chu

一期一会

Never Give Up

一期一會的
時光冰棒

City.
橫濱

👤 Kevin　外商主管　47 歲
👤 Vivian　旅遊網駐站寫手／家管　43 歲
🧍 繪繪　4 歲　🧍 期期　4 歲

「從他們來到我們的生命中，一歲、兩歲……每一天的相處都不會重來的。就像是茶道宗師千利休說過的『一期一會』，而這也是期期、繪繪名字的由來。」── Kevin

2｜一期一會是源於日本茶道的成語，是日本茶道宗師千利休在茶會時領悟到這次相會無法重來，是一輩子只有一次的相會，故賓主須各盡其誠意。在茶道以外，這個意義可推而廣之，指一生一次的機會，當下的時光不會再來，須珍重之。

　　住在橫濱有著一模一樣可愛笑容、溫暖好客的四口之家，很難想像，當初爸爸 Kevin 和媽媽 Vivian 都是單身主義者！兩人結婚時已是高齡，也沒有非常喜歡小孩，對於未來人生規畫一直在「頂客族」或「為人父母」之間擺盪。後來因 Vivian 讀到一則金士傑的專訪，他說：「『人生不受苦，就不算人生。』覺得對人生體驗滋味最多的時候，都是在他很辛苦的時候。」這段話影響 Vivian 很深，因為教養小孩對他們而言是非常辛苦的事，在這句話的推波助瀾下，有一天她對 Kevin 說「好吧！我們去做試管。」幸得老天眷顧，試管只做一次就成功，夫妻倆認為與孩子的相遇，就像日本茶道精神「一期一會[2]」，便將龍鳳胎的姊姊取名「繪」；弟弟取名「期」。

沒有人天生就知道如何當父母，甚至父母這角色其實是「Yes」or「No」的選擇題，每個人都有選擇「No」的權力，但，當我們選擇了另一邊，世界也就跟著改變。曾是服裝設計師的 Vivian，在未成為母親時，總想不透媽媽們為什麼都要穿得那麼邋遢？！信誓旦旦跟同事說「以後當媽媽一定要穿高跟鞋，要穿得時尚。」從來沒有想到，原來生個小孩改變的不止是生活，連思考方式也跟著轉變。「怎麼可能還穿什麼高跟鞋呀！一切當然是以小孩安全為優先。」

全家從台灣高雄搬到日本橫濱居住，是因為爸爸工作的關係。「這份工作機會其實是在 Vivian 懷著期繪時，意外得到的機會。」之前在美商公司上班的 Kevin，可以在家工作、薪水也不錯，但不足以彌補太太懷孕辭職短少的收入，後來雖同樣在家工作，薪水卻多了兩倍，剛好補足短少的部分。「我們傾向是期繪帶我們到另一個境地，或是期繪想要什麼樣的生活，比方期繪希望爸爸多陪他們，就給他這樣的工作機會；或者期繪的命運是在國外生活，所以我們跟著他們來了。」夫妻都認為這是上天做的最好安排。

面對個性完全不同的雙胞胎，姊姊繪繪個性開放勇敢，不怕生；弟弟期期個性則執著謹慎。夫妻希望這些與生俱來的特質能往好的方向發揮，不必成為成功的人，而是擁有好的特質，好的身心狀況，可以在這個社會生活。那要如何讓他們達到呢？

凡事過猶不及，「適當」很重要

夫妻倆很喜歡一句網路名言「這世界上沒有毒藥，只有劑量的問題。」很多看起來是毒藥的東西，其實從某方面看是解藥，當給的過量時，本來是解藥也可能變成毒藥，在什麼場合用多少劑量，這才是關鍵。夫妻倆覺得能做到這微妙的平衡，是很重要的，譬如繪繪很不怕生，很勇敢，如何讓她在勇敢不怕生中知道什麼是風險？有些沒有接觸過的，在安全範圍下，讓她自己去評估；期期很怕生，沒關係，夫妻就努力擴大他的舒適圈，盡量帶他去玩，與人接觸，

去不同的國家、地方，只要帶他去過其他地方，就沒有怕生的問題。

　　其實適當的教養，就是依據他們的特質來引導他們，但做任何事最難的就是適中，因為人常常過猶不及，過與不及，都是缺點。夫妻認為，現在所謂的問題小孩，不是太受寵愛，就是不被愛，所以適當的教養是他們一直努力給孩子的。那什麼是適當教養呢？就是不要太寵愛他們，而是關心他們的感受，要有同理心，同理他們的感受，時時刻刻與他們對話，理解他們的想法，重視他們的心理素質。

永不放棄 Never Give Up

　　Kevin 坎坷曲折的求學與人生際遇，所以希望期繪在成長過程中，擁有永不放棄（Never Give Up）的態度。Kevin 說：「人生真的很長，是一場馬拉松賽跑，開放你的心胸，接受很多不同環境與可能性。」夫妻倆從他們過往的成長經驗發現，要培養「永不放棄 Never Give Up」的態度，必須具備兩點：

—— 堅強的心理素質

　　只要你的心理素質夠強，就不容被擊倒，就永遠有機會。「千萬不要在跟女朋友分手時，從樓上跳下來。」Kevin 認為其實很多個當下是自己情緒管理的問題，而做父母真正能給的，就是面對這些事情時，他的思考、溝通與表達能力，絕不是那些英文、數學、理化等課業上的知識。所以他們很認真觀察兩個孩子不同的特質，在生活中，不斷帶領期繪去體驗世界，拓展感官，並從中引導他們。

　　「不要活在框架裡，我不希望他們成為怎樣的一個人，我希望他們自己創造那個框架，而不是我們給他的框架，我希望他知道自己想成為什麼樣的人。」雖然如此說，Vivian 認為父母仍需要以協助的方式，讓孩子發展出潛能，協助他們做喜歡的事情，加強這方面的特性。

—— 擁有信仰

Kevin 因為家庭關係在高一時就受洗為教徒，人生低潮時，總有奇妙神蹟，比如第一段婚姻結束，前妻不久後離開人世時，這些巨大傷痛讓他陷在最憂暗的泥淖裡，他不只一次放逐自己，最嚴重的一次是是開著車想往海裡去。但就在這想法閃過腦海的那一刻，有一台遊覽車擋在前面，上面寫著耶穌愛你。每次在關鍵時刻，總有一個啟示、一句話，改變他的心意。雖然 Kevin 不常去教會，但人生路上祂都一路看護著。

Kevin 與 Vivian 結褵五年，婚後一年才懷有期繪。說起夫妻兩人的相遇、相識、相知，也是一段曲折的故事，原來兩人都是文學愛好者，在奇摩交友文學社團認識。但在 Kevin 與前妻離異後，兩人才慢慢培養起情感，但身處人生谷底的 Kevin，讓 Vivian 在這段戀情受了許多傷。Vivian 說「他就是瘋子（哈哈），根本就是瘋子。」也因為這樣跌跌撞撞，一路走來他們以朋友、情人、家人的關係互相支持著對方。

Vivian 深知發生在 Kevin 身上的所有事情，也見證許多發生在他身上的神聖事蹟，於是也跟著成為基督徒，並帶著期繪一起受洗。Vivian 說：「給期繪最好的禮物就是信仰。」就像 Kevin 無論人生怎麼了，祂都能接住他，讓他繼續往前。

日本學前教育介紹

由於日本待機兒童[3] 的問題，光是橫濱市就有超過千位的小孩排隊等著進保育園或幼稚園，再加上 Vivian 沒有上班，所以期繪根本無法進入日本體制內的保育園或幼稚園，只好尋找體制外的「國際學校」[4]。國際學校雖然很貴，但貴的好處是：1. 還有名額，2. 學生少（師生比低），3. 外師和日師英文都很好。期繪的班級由兩名外籍老師輪流上課，一個日籍保育士，一班大約八人，每個班都會有一名日

籍老師，都有保育士的執照。Vivian 本來擔心期期會像在台灣上幼稚園那樣有分離焦慮，畢竟語言不通，結果，除了第一天，他們有一點緊張，第二天之後，每天都好開心！完全沒有適應問題。

Vivian 曾好奇問期期「這裡的學校和台灣的學校有什麼不一樣？」「之前的老師都對我們兇，但是這裡的不會。」夫妻倆覺得台灣幼稚園的師生比太高，造成老師負擔太大，導致對小孩較沒有耐心。另一個讓期繪喜歡上學的原因是，上學都在玩，學校沒有那種坐在椅子上跟著老師念 ABC 的課程，比較像是主題式的遊戲設計，譬如先畫畫，再來是釣魚、勞作等，老師在一旁引導他們，陪他們一起玩，學校沒有教學這件事，也沒有課本。

Kevin 覺得以遊戲方式設計課程很不錯，他曾讀過一些關於幼兒的書和文章，都提到幼兒將所有事情分為兩種，一種是遊戲，另一種不是。幼兒在某階段，他們是透過好玩、遊戲來學習事物，那是他們學習的方法。如果你想教導小孩事情，如果設計的不是遊戲，很容易落入無效學習，雖然你花那麼多時間，但其實都沒有真的學到。

3｜「待機兒童」是指沒有申請到保育園就讀的孩子。日本在 2015 年待機兒童來到 2 萬 3 千多人，已是連續第 7 年超過 2 萬人，不少媽媽因為找不到人幫忙育兒，被迫辭去工作。

4｜日本學前教育實行的是幼稚園（類似國內的幼兒園）、保育園（類似國內的托兒所）「雙軌制」。「體制內」的幼稚園，就是指符合日本學前教育規範下的幼稚園，而「體制外」的幼稚園、保育園，一般是指國際學校，雖然一樣受日本學前教育的規範管理，但因為收費昂貴、入園條件不限，甚至有的學校只收外國學生，所以只要經濟許可，許多住在日本的外國人，甚至日本人，都會送小孩到體制外的國際學校。

Family recipe

時光冰棒
牛奶水果、蘋果汁水果口味

材料

西瓜　適量
奇異果　適量
糖　適量
牛奶　適量
蘋果汁　適量

工具

冰棒模具
紙杯

作法

1　分別在蘋果汁、牛奶裡加入適量的糖，攪拌均均。

2　水果切成小塊，備用。如果要可愛一點，可以用餅乾
　　模具壓出可愛造型。

3　切成小塊的水果，依喜好放入冰棒模具。

4　蘋果汁和牛奶分別倒入裝有水果的冰棒模具裡。

5　放入冷凍庫，大約 3 小時就可以享用冰冰涼涼又色彩
　　繽紛的水果冰棒！

我永遠會在這裡愛著你

人物專訪

劉昭儀

不要再問了
我永遠會在
這裏 愛著你
昭儀阿木

前資深媒體人，人稱「瑞安林青霞」，白天是「我愛你學田市集」、「水牛書店」的負責人，朋友心中快人快語、熱情幹練的時代新女性；夜晚則化身為一雙兒女、丈夫羅文嘉準備晚餐的媽媽與妻子。更與夫聯手以食材、料理為媒介來推動社會運動，贊助偏鄉小孩學習。

👤 羅文嘉　水牛書店╳我愛你學田老闆　52 歲
👤 劉昭儀　水牛書店╳我愛你學田老闆娘　52 歲
👦 16 歲　👧 8 歲

「爸爸是職業軍人，個性比較嚴肅、嚴格，覺得孩子就是要從小訓練，希望孩子能夠獨立，所以國中送我去住校！其實職業軍人待遇並不高，讓我念私校，學費很貴外，加上住宿、伙食費更貴。雖然我覺得莫名其妙，但弟弟也被要求這樣，其實那時是父親給自己訂的目標：讓小孩去住校，學習獨立，受最好的教育。可是這樣他很辛苦，家裡經濟變得拮据，生活也不開心。他還常講『我花那麼多錢，給你們……』，但我其實也沒有很感激。從小就在父親覺得『應該這樣』才會成長的觀念下長大。他說『女孩子一定要會照顧自己』，所以在那段最重要的成長階段——國中三年，沒有跟家人在一起！其實父親的『應該這樣』，不對嗎？好像沒有不對，而且有道理，甚至我和手足皆受用一生，我們獨立、自主，不依賴。父親的決定還是改變了我，我都說『什麼樣的爸媽就可能養出什麼樣的小孩，只是小孩未來會怎樣思考或轉變，不是爸媽能夠決定的。』現在回溯這個過程，其實希望我的孩子在想到爸媽這段成長的陪伴時，想到的是『支持的力量，知道我們是愛他的。』——劉昭儀

　　隱身於瑞安街的「我愛你學田市集」，是書店、超市、餐廳，也是料理教室，複合式經營模式，來自於愛想點子、執行力高，又有行動力的劉昭儀與羅文嘉夫妻。昭儀身為我愛你學田的負責人，即使白天在店裡忙得團團轉，晚上仍堅持在家開伙，親自下廚為家人做飯，她說：「因為唯有這段時間才能跟家人長時間相處。」不僅是吃飯時一家人心無旁騖分享當天發生的事情，更重要的是，當她下廚時，孩子想到什麼，就可以跑過來跟她聊個兩句，這樣的輕鬆愜意，與在外用餐是不同的。

現今社會，不僅父母忙碌，小孩也忙，除了學業，還要額外補習、學才藝，一家人能好好相處的時間就是平日晚餐或週末假日。所以，昭儀特別珍惜晚餐時光，昭儀笑著說：「每次吃飯的時候，我都說拜託拿號碼牌。不要一直插話。」因為兒子總是一直插話，女兒以前反應比較慢，為求生存（也想講話），所以全家人都在搶話講。因此家裡規定：已經開始的話題不能被插話，要聊完。但兒子會不服氣說：「你們每次聊那個（姊姊的事）都會聊很久。」

　　能和孩子有說不完的話，建立在他們花很多時間和孩子相處，甚至睡覺也不放過，碰到孩子不想和他們說話的時候，他們也會努力找話題和孩子聊。昭儀說：「父母對小孩痴情就可以了。」對孩子如此痴情的他們，到底是如何教養孩子的呢？又是如何與孩子互動？

透過運動，強化孩子身體與心理

　　昭儀的兩個孩子從小就運動，跑步、游泳、騎車，女兒後來變成游泳校隊，還參加小鐵人比賽。其實會帶女兒運動是因為女兒個性比較內向，沒有自信，加上過敏體質較嚴重，就想透過運動改變女兒。「我們來變更強壯一點，不論身體或心理。」為了激起女兒的興趣，她承諾：「我帶妳，妳喜歡找哪些同學，我就帶她們一起運動。」她心裡很清楚，在小學這階段最在意的就是朋友和同學。於是，每個星期有一天放學後或早自習晨光時間，昭儀會先跟老師溝通好，今天是運動日，昭儀和幾位媽媽就帶著孩子們跑步。

　　她不僅固定帶著孩子放學後跑步，也鼓勵女兒同學的媽媽們一起運動。孩子在小學階段最依賴、最喜歡的就是爸媽，當爸媽喜歡運動，孩子就更有動力。後來越來越多人加入跑步團，為了鼓勵他們，帶他們去參加馬拉松，從三公里、五公里……

最後越玩越大，就玩接力賽。對昭儀而言，成績根本不是關鍵，因為有比賽，有大隊接力，就有「練習」的藉口，孩子有努力目標，有得名次，大家就很開心，但不管有沒有得名次，都會去吃東西慶祝一下！其實目的就是讓同學常相聚，讓他們喜歡運動。「女兒後來真的改變，不僅變得自信，體能和體態也跟一般高中生不一樣！全是她一直運動的累積。」

孩子不愛寫作業，也別大驚小怪

「我今天還跟我兒子非常坦誠說：『羅小弟，我跟你講這一招真的不要再用了，我們都知道了！』」我們很好奇到底是什麼事？原來是超級不喜歡寫作業的兒子，總是用「跟媽媽說作業放在學校，跟老師說作業放在家裡」這一招。昭儀慎重告訴兒子：「這招真的別再用，好容易露出馬腳。」面對不喜歡寫作業的兒子，昭儀說「我會生氣，但我知道沒用。」也總在心裡厭煩的想「你怎麼又來了！」、「你到底是多不喜歡寫功課？！」但她很清楚把情緒、生氣發給孩子，是沒有用的，兒子接收不到訊息。到最後，還是只能想方法幫他解決。

她的解決方法是，第一，理解兒子不寫作業的原因。發現兒子真的只是單純不喜歡寫作業，課堂上學習並沒有困難。第二，與老師溝通協調兒子的狀況。譬如先讓他的作業量減少，如果同學要寫十遍，那他先寫五遍，由少至多慢慢增加。她能夠如此氣定神閒處理兒子的問題，也是從兒子發生的大大小小事情印證而來，當她沒有大驚小怪，兒子沒有模式可循，小腦袋就想不出古靈精怪的對策來對付媽媽，包括後來跟女兒的相處，讓孩子知道「什麼事情都沒有關係」，每件事情一定有它的道理。所以，家長情緒起伏不要太大，不要大驚小怪，不然孩子就會完全看破你的手腳。

坦然接受孩子的能力，並給予稱讚

　　昭儀與丈夫羅文嘉都很會念書，很會考試，丈夫求學一路附中、台大，都是最好的學校。兩人面對孩子的學業表現，當然也曾有一番掙扎。女兒從小數學就不好，剛開始自己教的時候，昭儀氣得對女兒說「你怎麼連這個都不會？！」「我不想因為這件事情跟妳關係不好！」可是她還是會生氣。有一天想到自己的妹妹數學程度高於自己，況且女兒與她年紀相仿，平時感情又好，便對她說：「妳來教她數學，妳教教看。」但妹妹才教女兒一會，出來把門關上說：「我真的不能再教她數學了，我會三高。」法寶用盡的她對女兒說：「數學是小事，我不想因為這樣破壞我們的感情。」就找別人教她。

　　於是女兒小學五年級時，便請一位就讀大學認識很久的姊姊來教她，陪她寫作業。一段時間後問女兒「妳覺得姊姊教得怎麼樣？」女兒說了一句永遠改變她想法的話：「媽媽，你們這些數學好的人，永遠都不知道，為什麼我不懂那個題目。」當下昭儀豁然開朗──因為你們懂了，但你不知道我為什麼不懂。你無法解答，太有道理。「女兒常是啟發我很多的人！有些時候你真的氣死了，她怎麼這個不會，其實她是真的不會，然後你也不知道她為什麼不會！」於是她坦然接受「女兒的能力就在這裡。」並誠心對女兒說：「妳藝術方面的能力，媽媽覺得我從現在開始學畫畫，學攝影，下輩子大概都沒辦法跟妳一樣好！」

希望我對他們是支持的力量

　　從小就喜愛文學的昭儀，畢業於輔仁大學中文系。她記得大一修課後，發現系上以古典文學為主流，與自己活潑個性不合。當時輔大心理許多教授皆為海歸學者，授課方式開放，符合自

己的性格，加上她也很喜歡心理學，室友又是心理系學生，得以常常閱讀心理相關書籍，便心生轉系的念頭。行動派的她致電父親：「爸，我可不可以去考轉系？」但父親覺得心理系畢業就職不易，便拒絕她。我們問她為何沒有為自己努力爭取呢？昭儀沈思後回答：「那時候沒有反駁他，主要是我不知道怎麼反駁，那時候就業資料太落後。可是事後覺得，我應該要堅持的，畢竟是我喜歡的。以我現在的知識，我應該反問『那你覺得中文系有很多工作嗎？』哈哈哈，可是我沒有講啦！」

「如果當時我轉系，也許就有不一樣的人生。」所以面對孩子的事情，昭儀會尊重孩子的決定，並全力支持。現在女兒就讀的高中是屬於非體制內的自學實驗教育機構，便是他們和女兒共同溝通協調後的決定。當時，國三的女兒在決定要不要考高中，因為對女兒而言數學一直是個大黑洞。昭儀意識到一個人因為數學而沒自信，那真的是很不得了的事，況且「數學有什麼了不起的，怎麼可以讓女兒沒自信。」她告訴自己「誰知道父母親的決定是不是對的？！」不管女兒做什麼決定都會支持。但過一陣子當女兒表達同學都在認真準備高中考試，想跟同學一樣，她並沒有質疑女兒，反而只問女兒：「是要認真的考嗎？」當女兒點頭，她說：「好，我們就認真考。」

許多父母會覺得青少年懵懂無知，不能做出正確的決定，也不能放任他們作決定，但其實就像昭儀父親不同意轉系一事，當時的父親怎麼知道多年後，世界變化如此大呢？父親的決定是考量對孩子未來的保障？但為什麼昭儀還是覺得應該要轉系呢？「即使我現在工作上接觸許多不同人事物，但未來女兒也會嫌棄我的。一定的，因為相對於他們看到的世界是更廣闊，我不想讓他們因為我的井底淺見去限制他們。」父母如果能夠無時無刻的反省自己，檢視自己，就能發現我們本來深信不已的信念，也許對生活在未來的孩子們將是「陳舊」信念，唯有給予孩子支持的力量與愛，才是永恆不變的力量。

09

我们永远
在一起
李志

責任心
奉獻精神
陳志昊

一家三口，
永遠在一起

City.
上海

👨 陳布賢　市場總監　43 歲
👨 李志　媒介部總監　44 歲
🧍 Kerry　10 歲

「沒有生小孩之前，我就說：『生完小孩後，就把孩子丟給父母，我去工作。』也不打算餵母奶，甚至不想生小孩。但是有了孩子之後，發現母性天生的責任感洶湧而出，母愛泛濫。但是，當你在教育孩子的時候，你得一遍一遍的說，一遍一遍的教，一定要有耐心，這對我們女人而言是一種修煉。有了孩子後，我發現孩子現在是我生活的重心。我有能力時，在教育方面的投資、才藝上的投資、寒暑假帶他出國見見世面的投資，都是我和先生共同的理念，能力許可下，為他拓展更多可能性，走出更寬廣的未來之路。我發現我特別愛身邊的這兩位男性，我希望我們永遠在一起。」── 李志

　　上海市，中國一線城市，也是中國經濟最發達的城市，擁有不少著名地標景觀，包括豫園 - 城隍廟、南京路外灘、陸家嘴摩天大樓天際線等。一線城市是中國經濟領域對城市分級的最高等級，一般認為北京、上海、廣州、深圳四市（行政區）即一線城市，其下有二線、三線、四線、五線、六線的劃分。2017 年《第一財經周刊》發布的城市分級名單中，北上廣深，四個一線城市的地位依然不可動搖，但相較於 2016 年的分級名單，15 個「新一線」城市的席次有些許改變，依次是成都、杭州、武漢、重慶、南京、天津、蘇州、西安、長沙、瀋陽、青島、鄭州、大連、東莞和寧波。

上海是中國採訪的第二站，從緊臨南京火車站的飯店拖著行李步行約五分鐘，搭乘高鐵往上海前進。中國春運大遷徙場景在戲劇和電影裡看過無數回，總想著有一天也要在迷宮般的火車站上演悲歡離合戲碼。雖說南京火車站規模遠遠比不上北京、廣州，但對來自台灣的我們，已經相當大了。車站硬體新穎，但因城市建設開發持續著，霾害嚴重，整棟建築灰濛濛的；另一個令人震驚現象是，夜幕低垂下的南京火車站購票大廳角落聚集著自帶棉被、枕頭在此過夜的民眾，個個身邊都放著裝有家當的大麻布袋！沒想到在 2017 年快結束時，多年前在各大論壇熱烈討論的「盲流」現象依舊存在著。

　　來到上海，當然不能錯過南京路外灘與陸家嘴摩天大樓天際線。一條黃浦江將上海市一分為兩，分為浦東與浦西：南京外灘位於浦西；陸家嘴位於浦東。我們從外灘望向東方明珠，時光似乎錯亂了！1920 年代上海灘一整排的老房子，訴說著斑斕的歷史故事，隔著江水，陸家嘴摩天大樓林立，滿載科幻、未來感的天際線，即使飛碟從東方明珠上頭掠過也毫無違和！這城市如她既往的地理角色一樣，吞納萬物，持續創造經濟奇蹟，讓移居到這裡的人民能在這方天地下積極打拚。以觀光客視角欣賞完世界知名景觀後，便驅車前往採訪家庭，陳布賢與李志的家，從外灘打車到他們家得花上 40 ～ 50 分鐘才能抵達，上海市真的是大啊！

　　在廣告公司擔任媒體總監的李志與在製造業擔任市場總監的陳布賢（以下簡稱阿布）移居上海市多年，兒子 Kerry 出生後，一家三口便在上海市落地生根。與在上海出生的兒子不同，李志是湖南人、阿布是安徽人。「雖然我的父母是湖南人，但我是在新疆烏魯木齊長大。」原來是在 1960 年代李志雙親響應毛澤東主席「知青支援邊疆」政策，便在新疆落戶。一邊擀著水餃皮，一邊用溫柔甜美的聲音和我們聊天，「我一直覺得故鄉是烏魯木齊，但我是湖南人。」在邊疆長大的李志與在農村長大的阿布，對於身處於跟自己成長環境大不相同的兒子，他們的教養態度為何呢？

快樂成長不等於輕忽學習

　　「望子成龍」一直是中國教育理念的顯學，其實也是華人父母共同理念。我們這一代父母，比起上一代教育程度普遍來得高，雖然有較好教育背景和經歷，但我們從父母那得來的觀念，多少會影響著我們。中國這一代的父母對孩子的教育理念，主要分兩種，一種是快樂成長，另一種是望子成龍。在生下兒子時，李志想的是「你出生時，就是很平凡的小孩子，媽媽不會要求你成龍成鳳。」所以，Kerry 出生在一般醫院，幼兒園也不是名貴的貴族學校，小學讀的也是公立學校，徹底貫徹「他只是平凡的孩子，只希望他快樂成長」的信念。

　　隨著兒子成長，李志的理念有些許轉變與調整，她認為學習態度與環境對孩子的未來影響甚鉅。她發現兒子念的公立小學，老師對於孩子學習態度的管教不甚嚴謹，同學及家長們對學習好像也不太在意，總是有許多同學沒交作業，沒訂正試卷。這麼多同學的學習態度散漫，父母好像也不在意，因為都是特定幾位同學持續不寫作業。所謂近朱者赤，近墨者黑，意識到兒子就在這樣的環境下成長，便希望換個環境，期許他初中能夠考上好的私校，畢竟未來得面對高考。「我們換到私立學校就讀，可能家長都是比較雞血 5，跟著他們一起跑，也許我們都會累。但覺得應該讓兒子從小有這個意識。」

潛移默化的言傳身教

　　李志記得小時候家裡經常有叔叔阿姨來家裡吃飯，原來是 1960 年代全國年輕人響應「知青支援邊疆」都到了新疆，就好像現在全國

5｜「雞血」是中國 1960 年代曾經流行過的一種偽科學式強健身體的偏方療法，此療法就是抽出新鮮的雞（最好是小公雞）的血液，注射到人的靜脈之中。而用在教育上，是指家長為了孩子成績，不惜投入大量財力、物力、人力的教育方法。

人都來到上海一樣，當時大部分年輕人都是隻身到新疆，沒有成家，與李志雙親不同。於是雙親會邀請他們到家裡吃飯、聚會，還會特別為某人留下愛吃的菜；甚至聽到有人要回鄉還差一些路費，雙親也會主動借助。在李志為人父母後，父親依然會不厭其煩叮嚀：「做事情要有責任心，行事作風不要太高調。」譬如，有一次去餐廳吃飯，李志對服務生說：「拿一雙筷子。」父親事後跟她說：「妳要尊重所有勞動人民。」父親意思是，起碼要說：「不好意思，幫我拿一雙筷子。」要更有禮貌一些。

李志的父親特別慈祥，母親比較嚴格，雖然雙親教養有別，但從不打人。小時候，父親週末都會騎自行車載著李志和姊姊兩人到公園玩，帶她們去吃愛吃的甜食。受父親影響，成為父母後，只要Kerry作業寫完或放假，就想帶他去旅遊，也因此去了很多國家。李志雙親對她們姊妹倆的家庭教育不是那種嬌生慣養，而是說妳是家庭的一份子，花錢要知道節約，妳的錢不是妳的錢，而是家裡的錢；做家事也是，母親會教導她們做家務，加上當時雙親是雙職工，媽媽上班很辛苦，李志和姊姊從小學會洗衣服做飯，甚至去菜市場買菜。李志一邊指導兒子用滾刀法切小黃瓜，一邊說：「現在想想父母對子女的影響其實是很大的！」

責任心與奉獻精神

Kerry小學入學時，校長對所有新生家長說「要把學習習慣培養好！第一年是很關鍵的。」當時在現場的阿布，把這段話告訴李志，夫妻倆就把它放在心裡。他們便對一年級的兒子說「放學後，回到家先寫作業。」夫妻倆貫徹執行到現在，Kerry課業從不需要他們操心。阿布說：「剛開始一、二年級作業挺多的。有些家長會被老師叫到學校，說孩子做得不太好。但我們沒有這種經驗。」在中國，老師會緊盯學生的作業成績要維持一定標準，因為各學校的成績，不僅在行政區（黃浦區、徐匯區、虹口區……）會比，市（北京市、

天津市、重慶市……）也會比，不能拉低學校成績，中國老師壓力也挺大的。

到兒子升中高年級，課業成績一直維持良好，在班上當選了兩屆中隊長。面對新學期中隊長競選，Kerry 顯得沒信心，覺得已經當了兩屆中隊長，可能同學會想選其他人。夫妻倆見狀便鼓勵他，在競選演說時，拿出最好的表現，把自己的理想清楚表達出來！做最大努力去爭取，但如果沒選上也沒關係，至少你認真付出，是很棒的經驗。阿布說：「當了兩屆的中隊長，對班上奉獻精神、負責任的態度，大家有目共睹，好好把你想的規畫說出來就好。」為了讓 Kerry 更有信心，李志在家還充當聽眾，讓他在家練習競選演說，並提供意見。

我們看見的是，一家三口親密互動，合作無間的家庭關係。為了讓兒子能有更好的求學環境，李志與阿布在兒子五年級開始送他去補習班，但補習班離學校、住家距離約 30 分鐘，夫妻倆因為有著共同的教育理念，即使工作再忙，仍輪流接送孩子上補習班，互相支援。補習班交通花了他們不少時間，費用也不便宜，但除了補習班外，Kerry 從小就學彈鋼琴，也是一筆不小花費。李志說：「每年在他身上花的各種在外面上課的費用也要好幾萬。趁現在我們還負擔得起，我和我先生就想幫他開創更多不同的可能性。」

夫妻倆熱情好客又有責任感，知道我們特別飄洋過海來訪，採訪當天即使兒子身體不適，早上在醫院打點滴，下午也未取消約訪；即使身體稍有不適，Kerry 依舊精神抖擻，有說有笑的和爸媽一起做料理。李志和兒子一起在餐桌旁做水餃，會下廚的阿布在廚房裡忙進忙出，端出滿滿一桌道地湖南料理招待我們，辛辣美妙的滋味，回到台灣依然想念。最令我們感動的是他們特別燉了一鍋「鴿肉湯」，聽夫妻倆說鴿肉能強筋健骨，是滋補身體的好食材。李志說：「你們這樣南北奔波很辛苦，燉鴿肉湯給你們補補身體。」

Family recipe

芹菜豬肉水餃

餃子皮材料

中筋麵粉　300g
冷水　150ml
鹽　少許

餃子皮作法

1　麵粉中加入少許鹽，然後加水，一點一點的放水，和麵。
2　和好麵，每隔十分鐘揉麵一次，大概三次。

芹菜豬肉餡

芹菜　100-200g
豬絞肉　500g
青蔥　50g
醬油　15ml
鹽　5g
蠔油　10ml
五香粉　10-15g
油　適量

芹菜豬肉餡作法

1　芹菜、蔥切碎，和豬絞肉一起放入盆中。
2　油燒熱，澆到芹菜、蔥花和豬肉上面。
3　再倒入少量的醬油、鹽、蠔油、五香粉攪拌，攪拌是同一個方向攪。
4　攪拌到肉餡有黏稠感，就是攪拌均勻了。

包水餃

1　麵團揉成細棍，切成小段，按壓後，擀皮，包餃子。

Family
recipe

涼拌黃瓜

材料

小黃瓜　3-4 根
青蔥　少許
薑　少許
蒜頭　少許
鹽　適量
辣椒油　適量
油　適量
醬油　適量
醋　適量
花椒粉　適量

作法

1　黃瓜滾刀切塊備用；蔥、薑、蒜切末備用。

2　蔥、薑、蒜末放入碗中，油燒熱後，澆到蔥薑蒜上。

3　在蔥薑蒜末碗中放入少量的醬油和醋、鹽、辣椒油、花椒粉。

4　調味料拌勻，澆在黃瓜上攪拌後，即可上桌。

別把孩子的一生「賭」在學業

徐敏

和解。

徐敏

南京曉庄學院文學院副教授，多年前應台灣大學邀約於文學院擔任客座教授，育有一子。熱愛文學的她與友人合夥經營南京「二樓南書房」，這是一家不賣書的書店，口號是「不滅的理想，不關燈的書房」，24小時全天經營，為喜愛文學的人永遠點一盞明燈。

👤 徐敏　南京曉庄學院文學院副教授
🧍 13 歲

「父親給我的，我特別感激，『他讓我自己去選擇』。當年母親堅決反對我當老師，他如果也不同意我，我可能就沒辦法填『鄉村師範學校』志願。記得當時填志願的時候，母親先替我填了郵電專業，當時郵電專業特別熱門，因為畢業後工資特別高。知道母親替我填志願並繳交後，我說『我不要填郵電，我要當老師。』當時還沒考試，只是剛交志願表，於是父親就到教育局，把檔案調出來，幫我改了志願。

也因為如此，後來母親有很多年不高興，因為師範畢業出來，在小學教書工資非常低，一個女孩子下鄉又不安全，況且在那年代下鄉是最不得已的選擇，表示你沒能力，成績不好。我母親很好面子，總覺得下鄉是父親的關係，常對他抱怨『你為什麼不把她留下來？！』母親從來沒想過這是女兒的理想，就是要下鄉教書！如果我不下鄉，我幹嘛要報鄉村師範學校呢？」──徐敏

今天和徐敏教授約在南京市秣陵路 21 號的二樓南書房，這棟位於民國建築片區，看起來不怎麼起眼的兩層樓建築，斑駁外牆點綴四季花草，一棵大樹為小院增添寧靜，三間溫暖而不張揚的書房，為喜愛閱讀與文學的人在茫茫世俗裡點著永不熄滅的文學火光。身為二樓南書房的創辦人之一，徐敏教授說：「南京人比較開放，包容力較大，不會因為你是鄉下人、外來工人，就不歡迎你。所以，我們這裡有流浪漢在這過夜的。」二樓南書房的口號「不滅的理想，不關燈的書房」，成為城裡少數幾家 24 小時不關燈的書店，卻不賣書，讓人自由進出，免費閱讀書籍，如果想要借書，會員卡押金一百元人民幣，就可借還書，而且不需其他任何費用。書店唯一的收入大概就是那一杯十幾

塊人民幣的飲料。走進裡面三間書房，空間不大，大約能容納十人左右，幾乎坐無虛席，每個人靠得很近，卻互相不打擾，還有人在沙發上打盹，靜謐的氛圍，讓人腳步跟著放輕。

　　從小在學校長大的徐敏教授，因為爺爺和父親都是老師，耳濡目染之下，從小志願便是成為「老師」。15歲選擇考師範的時候，母親很生氣，因為在當時老師工資是低的。徐敏教授的母親在銀行上班，工資比擔任中學校長的父親高三倍之多。父親當時已是中學高級教職，都比她低那麼多，母親當然不允許她考中師。「妳考中師就是那麼窮！」雙親那一代都窮怕了，那個窮是，首先生活你要能過得去，你都過不下去還談什麼理想。後來徐敏教授能理解母親的堅持，但在當時覺得母親特別勢利。終究在父親支持下，她能追求理想，18歲從師範學校畢業後，便下鄉擔任小學老師兩年，後來回到縣裡擔任五年的中學老師，期間因為喜歡讀書，再回學校進修，順利取得博士學位，便在大學教書到現在。她笑著說：「小時候跟著雙親住在學校宿舍，工作又是小學、中學、大學，都在學校裡面，就是沒有離開過學校。」

　　對教育、文學充滿熱情理想的教授，她的生命經歷如何帶領著她與自己孩子相處？她的教養態度又是如何呢？

孩子的時間和精力是有限的！

　　父親對她的教養態度就是，第一，孩子要有興趣。父親說「小孩子要做什麼，讓她自己選」，所以現在對待孩子，就牢牢記得當時父親說的這句話；第二，在生活中盡可能拓展孩子接觸面，讓孩子多方嘗試培養不同興趣。徐敏父親有個觀點，現今獲得許多人贊同，就是：100分的試卷設計，並非以滿分為及格標準，譬如低年級（一、二年級）試卷80分是及格分，能夠考80分就代表孩子已經掌握目前學習內容；高年級（五、六年級），

70分是及格分，孩子考到70分以上就可以，並不一定要考100分。

父親常說「經常考100分的孩子是有問題的！」所以從來不要求她考試成績要特別好。當時還小的她，不暸解為什麼父親要這麼說，只覺得父親瞧不起她，認為她考不著100分，所以才這麼說！她暗自想「我不像哥哥成績特別好，總是不小心就能考100分，因為我不是那麼聰明，所以父親才這樣安慰我！」個性好強的她，特別努力學習，就希望能考高一點的分數。「我自己特別想做好，大家不要我學習，我也會主動去學習，但兒子比較懶散，你不管他，他就會懶散，但是你管管他，他就會好，看你管到怎樣的地步。我居然生出跟我不一樣的小孩。」即使是自己的兒子，徐敏教授也要接受兒子的性格跟自己截然不同。

有一次讀國二的兒子考試成績沒有很好，她說：「他只考了八十幾分！」先生說「考八十幾分可以了，100分的卷子，考八十幾分還不行嗎？」先生認為，每一份卷子出題內容質量是不同的，就算它出題質量很好，考八十幾分就說明孩子在學習上基本質是掌握了。如果父母總執著孩子得考100分，別忘了，孩子的時間和精力是有限的！今天孩子把95%的時間，全用在準備考試，考到100分，但他只剩下5%時間，他只能選擇睡覺，孩子沒有其他興趣可言；可是如果他用70%精力去準備，那他還有30%精力可以探索其他方面。為了100分，把生活、興趣全部抹殺了，值得嗎？！

從自身經驗體悟，成為慎思的家長

面對與自己個性不同的兒子，徐敏教授也曾感到困惑。「總覺得，你生出來的孩子，應該比你更好或跟你差不多，而我們又被認為是很優秀的，你就情不自禁的……你說我沒有要求，那是假話，那是不可能的。」看到自己的孩子在學習上的壓抑，和自己的無能為力，她便決定從文學走出來，去看看那些教育

思想家是怎麼說的。透過研究陶行知，她接觸到美國實效主義哲學家約翰‧杜威，他的生活教育精髓，與父親當初給她的非常接近，給孩子各種經驗。但是經驗是個人的，就像我說的，我有我的經驗，我的經驗能不能昇華更多，有時我們礙於自己的經驗，圍於自己的經驗，但杜威說「要讓人從自己的經驗裡面體悟出來」。

那如何讓「經驗」變得有效呢？必須培養一種思維：「審辨式思維-慎思」。要培養慎思這種思維，透過什麼方式呢？是關於想像力，關於道德相像力，比方說，徐敏教授有她從小到大的學習、教養經驗，她非常清楚自己不那麼有信心，有一點好勝，比較受寵，各方面都想爭強好勝，才成為今天的自己。如果你和她一樣，就要多去擴展經驗，多去聽、去看，就像戲劇、文學舖展各種人物和人性，有的人無法承擔自己的人生，就如作家易卜生寫的《野鴨》，男主角無法面對生命中某些祕密和真相，而他的友人卻硬把他推到真相之前，結果男主角就毀了。

讀再多書，也沒有一種哲學能告訴你人生為何，只有透過不同的故事，讓你深諳人性，知道人性發展的步驟和前景。當你的內心知道：我是這樣的人，我是這樣走過來的，但是我也有可能成為不一樣的人，如果其中一個東西改變。徐敏教授說：「兒子的性格有跟我一樣的，也有不一樣的，我盡可能去發掘。他的人生有可能走出完全不一樣的，我能體己他。即使他是平庸的，我也不感到震驚。」她認為在教育裡面培養這種道德想像力，我們就會是很好的老師和家長。同時也是對自己生活很好的安頓能力，因為即使你再有想像力，能力再好，也無法把控人生，因為在終點線上，每個人都是無經驗的，只要我們還沒死，只要我們活著，時間與空間的未知數那麼多，我們無法全盤掌控。

學業是生活中的一件事情

徐敏教授的兒子在小學升中學時，因學區關係免去入學考試，但在新生入學後還有分班考試。學校會依考試成績好壞將新生分班，也就是所謂的好班與差班。許多學生小六升中學的暑假拚命學習，期待能分入好班，但徐敏教授卻選擇帶著兒子出國旅行。聊到這時，在一旁複習課業，準備段考的兒子跟我們說：「媽媽說考試不重要。分班啊！所以隨便考。」徐敏教授笑著表示，因為兒子很容易緊張，再加上他們從歐洲回來有時差，日夜顛倒，兒子快瘋了，一直說「這怎麼行，怎麼這樣！」徐敏教授的態度，就像當年父親對她一樣，她對兒子說：「沒關係，到哪都一樣，不要緊張。」

學業只是生活的一部分，它甚至就是一個遊戲。但你要遵行它的規則，要知道你必須玩下去，而且要好好玩。她強調，其實人生也是一場遊戲！你必須知道人生的規則怎麼玩，玩的時候也要認真投入，但是也要明白，人生的形式可以是各種各樣的。而兒子現在只是恰好生在中國，恰好生在 90 年代，而她自己是生在 60 年代，不同時代有不同的社會習俗，而兒子這年代就是這樣，有這樣的語言、方式和教育。這一切只是偶然，你也知道，但是你此生必定處在這個偶然性中，所以她希望兒子在這方面能夠超脫一點。

別讓孩子的童年在分數裡打轉

中國這些年小學和初中自殺的學生很多。不單只是課業壓力，有的孩子是其他問題，但是 95% 以上主要是學習帶來的。普遍從幼兒園就開始學拼音，如果不先學，小學教拼音的速度很快，沒學過的會跟不上，於是大家早早起步，就為了跟大家一樣不要落後。這樣的狀況也體現在小學生的成績上，原本學五個小

時，大家成績是一樣，為了超越大家，有人改學八小時，然後其他人也不甘落後，也跟著學八小時，然後排名又回到原點。惡性循環下，讀書時間越來越多，就這樣分數無限膨脹。

「兒子小學時班上平均分經常是 90 分以上。我還記得他考九 92 分，低於平均分，排名非常低。」就像之前說的，本來大家平均分 70 分，然後到 85，平均分到 95 分的時候，當孩子考 92 分還是最後一名，他付出的時間已經到達極限，依然還是排最後一名，你想這對小孩子的影響？「中國不完全是這樣，我講的是南京。」要讓孩子在中國現今教育體制裡生存，你把他逼到 98、99 分，但有一天會被你逼崩潰的，而且就算你逼出來了，他的童年就在分數裡打轉。生命意義就被壓得很窄，唯有通過分數來達到母親的認可，愛與被愛、自我建立的渠道，如此狹隘，這是最可怕的。「只在意學業，好比我孤注一擲，押寶只押這個東西，沒有其他的可押了。我就希望孩子多押幾個寶，愛彈琴、愛畫畫……」

苦，也要甘之如飴

教育有很多面向，不能把學業看得太重。一直這樣堅信的她，身邊朋友常對她說「為什麼妳敢這樣，因為妳有後盾，妳有可以逃離的空間。」是的，徐敏教授其實不願意讓兒子在國內，一直想離開，而他們也可以逃離這地方。當別人問她「如果妳不逃離呢？」徐敏教授表示，她不知道。像兒子這麼敏感的孩子在中國受教育，她害怕能為他擋的，終有一天也擋不了，因為他要面對高考。那時候，不能僅僅靠溫情安慰孩子，當然夫妻倆可以當他感情的後盾，但他的自信要從那裡建立起來呢？！

所以徐敏希望兒子學習不怕苦，任何學習都是苦的。我們工作都是有苦的，但這苦能不能帶來樂，是很重要的。苦的本身，能否為你帶來樂趣、充實感，它的後果你也覺得是往好的方向

去的。而不是我吃那麼多年的苦，就企盼最後的樂，但最後的樂，誰都不知道。許多孩子以為考上大學就海闊天空，但大學還是要上課，還是要考試，畢業後就要開始找工作，這樣的發現，許多孩子都傻了！因為，為什麼大人說的「最後的樂」被吊起來了，永遠看不到。所以徐敏教授一直希望兒子在生活和學習的過程中都能感受到樂趣。

與自己和解

徐敏教授青春期時，一位老師看過她的文章說「你知道嗎？人太敏感，對他的學問、寫作是好事，但對生活未必是件好事。」多年後，這份敏感果然帶領她進入文學殿堂。兒子也像她一樣，曾對她說「我覺得要永遠喜歡一個人是很困難的事情」。兒子跟她一樣有純淨的道德感，追求最純粹的東西，不能有雜質。就像她總認為自己的母親道德感不夠好。其實母親慷慨助人、友善親友，但她認為不夠，別老把「要不是我當時幫助他，他能有現在的成就嗎？」這樣的話掛在嘴上。這種純淨道德感，對自己不太好，也不放過別人，特別是親人，會覺得他做的永遠不夠好。「人生本來就有很多粗糙、粗劣一面，迫使你變得更有韌勁，面對它，你不妨要有點鈍感。」

法國作家福樓拜（Gustave Flaubert），世人對他的評價是，文字力求乾淨準確，已達登峰造極。但福樓拜母親卻說「你為了文學忘記了生活，你死在你的文字裡。」本來藝術是他的愛好，一個追求，但追求反過來壓倒了自己，他始終沒能跟自己和生活和解。所以，徐敏想到「和解」，要求高的人最後被自己的追求所壓倒，忘記了生活。為人父母也一樣，很多時候，面對孩子的事情，其實過不去的都是自己。唯有與自己和解，才能看見真正的問題，接納孩子與自己不同，終將走一條屬於他的路。

以色列
來的信件

Country.
以色列

City.
特拉維夫

♟ Refael 房地產　♟ Tamar 插畫家
🕇 6.5 歲　🕇 1.2 歲

文字／照片 © Tamar

IG @ tamar.dovrat

—— 請簡單描述個人的教育背景

我在以色列中北部的小鎮長大。鎮上只有一間學校，所以幼兒園到小學的每個人都互相認識。隨著我長大，對藝術越來越有興趣，便要求父母讓我讀藝術學校，但那所學校離我家很遠。

—— 以色列國家的教育理念？

我不確定以色列在教育上建立了什麼理念。但是我記得，當時藝術學校競爭激烈，非常搶手。就讀藝術學校的學生，不論在學業或藝術上都必須有優異的表現，放學後依然要練習繪畫技巧或藝術課程。現在回想起來，父母不喜歡我讀藝術學校的真實原因，應該就是覺得要年紀那麼小的孩子在放學後繼續為學校課業與藝術功課努力真的太辛苦了，而且還要放棄許多我喜歡的課外活動，像是手工藝、跳舞、健行，甚至連和朋友玩的時間也沒有。

—— 有什麼特別的人、事、物影響妳，讓妳成為現在的妳呢？

我的母親是高中戲劇教師，父親是建築師（週末很喜歡畫畫），所以我的確受到他們的啟發。在成長過程中，雙親給我

All photos by Tamar

的教育是，我可以成為我想要成為的人，這樣的信念在我成長過程中，就像基本常識一樣。這個強大的信念，直到今天我仍然保留著。至今，每當我對於未來要走的路感到不安時，就會想起這個強大信念，然後有自信的繼續下去。成為母親後，我非常感謝父母能夠給我如此重要的力量。我常常在想，也想知道，我能給我的孩子什麼？當我還是十幾歲的青少年時，精神上深受音樂影響，直到今天，它仍然供給我的靈魂很大養分。我認為，從藝術的角度來說，我受到許多不同類型藝術的影響，迄今依然如此。我本身就是古典與現代最佳平衡的混合體。

—— 請問雙親對妳的教養態度為何？

我的父母很開放（我有兩個兄弟和一個妹妹），可以談論、分享任何事情。父母都來自有些冷漠的家庭，對他們來說，建立屬於自己的新家庭非常重要。學業成績並非全部。他們非常重視與孩子相處、體驗的時光。我們走遍全國各地，和他們的朋友一起度假，也參加許多課後活動，常到朋友家串門子。

—— 當妳成為母親後有什麼改變呢？

自從成為母親後，我改變很多！最大的改變就是做事變得更有效率，能在時間內完成任務。雖然仍然有很多事情進度落後，我還是會善用每一分鐘，為了有更多時間與孩子相處。

—— 妳對孩子的教養態度為何？另一半呢？

我們都認為孩子應該盡情享受童年。世界變化太快，有太多令人分心的事物。我們的國家太吵，問題太多，孩子需要強大家庭基礎才能成為穩定、有才華的大人。不需要催促他們長大，要求學習很多，只要多點好奇心學習事物。盡可能給孩子們自由，不再幫孩子做決定，也不要告訴他們應該怎麼做，這樣才能培養堅強果斷，自己做決定的性格，我們知道要做到並不簡單。現實生活總是太忙，批評、限制太多，或者沒耐心，以致沒法達到我們希望的。所以我和先生會互相提醒，不要處在這樣的狀態下。

—— 妳希望孩子擁有什麼性格？

我希望孩子對世界萬物具備仁慈的心，並且無憂無慮的長大，去做他們想做的事，成為他們想要成為的人。

—— 妳的孩子下課後都在做什麼呢？

孩子下課的時間，我們一直試著在「朋友聚會」或「只有我們」之間達到平衡。通常我們是回家或去公園玩，夏天我們會開車去海邊。開車到海邊並不遠，但是出發前的準備總是不容易，能成行就像施展魔法一樣。我們去的海邊和公園都很推薦家長帶孩子去。

—— 在家多久下廚一次？妳和丈夫誰的廚藝比較好？

我們每天煮飯，先生是素食者（我也希望自己意志堅強到能成為素食者），廚藝也比較好（這是真的！）。他總是在週末做一些特別的或不同風味的料理，而我就是做一般日常菜色。

—— 妳為什麼選擇這道料理和孩子一起做呢？

我們最近發現，其中一個男孩對麩質過敏，現在在家煮飯變成很大挑戰！我們喜歡用有機蔬菜製作新鮮料理，甚至會自己種蔬菜或是到附近農場購買。因為今天是在森林野餐，所以我們選擇和孩子們一起做些簡單食物。會在森林野餐是因為我們住在一棟老房子裡，廚房的燈光不太好拍照。

送給大兒子的一句話

你總是希望幫忙做家事，並主動參與家中的
大小事，這對身為父母的我們感到非常窩
心。你對家的認同是無價之寶，我們深知它
的意義，家對你很重要，我們對你很重要，
我們彼此都很重視對方。這就是成為一家人
最棒的感覺。

今天的野餐內容有

新鮮阿拉伯沙拉

鷹嘴豆泥醬（買現成的）

烤皮塔餅麵包（無麩質！）

佐橄欖油和牛膝草（阿拉伯香料混合）

鮮果沙拉

黑咖啡和薄荷茶

Family
recipe

阿拉伯沙拉

材料

小黃瓜　3 條
番茄　5 顆
青蔥　1-2 根
甜椒　半顆
薄荷　適量
鹽　1 小匙
檸檬　1-2 顆
橄欖油　2 小匙
胡椒　1 小匙
孜然　1.5 小匙

作法

1　小黃瓜、番茄、甜椒，切成小丁，放入沙拉碗。

2　青蔥、薄荷切碎，放入沙拉碗。

3　檸檬擠汁後，加入所有調味料，均勻攪拌，沙拉醬便完成。

4　攪拌均勻的沙拉醬，倒入已放入材料的沙拉碗中，接著輕輕將沙拉醬和碗裡的食材充分攪拌，即可食用。

西
WEST

Gardoni Espoo London Grenoble Berlin Biking Lucerne
Granollers Copenhagen Jacobsberg Prague Sutton Stockholm

你笑了，所以我笑了。孩子燦爛純
真的笑靨不僅能融化眾人的心，也
讓父母為之傾心，打從心底跟著快
樂。所謂的幸福人生，守住笑容才
是最大關鍵。

GARDONI
ESPOO
LONDON
GRENOBLE
BERLIN
BIKING
LUCERNE
GRANOLLERS
COPENHAGEN
JACOBSBERG
PRAGUE
SUTTON
STOCKHOLM

10

Legyetek jók
-ha TUDTOK :)

" Be good - if you can "
if you know the world, you will be good !

Istvàn

UGY ÈlJETEK, HOGY
SZERESSENEK az
EMBEREK !

Live with love!
I wish you to be loved by all the people.

Pali

Talàld meg önmagad,
adj idö'n magadnak,
Szeresd magadhat is!

Find yourself, give time to yourself,
love yourself too!

Fruzsi

Ne csak a
mának
élj!
FRUZSINA

Don't live for the moment,
but for the future.

凝聚情感的
牧羊人料理

Country. ——————————— City.
匈牙利　　　　　　加爾多尼

👤 István　教師　40 歲
👤 Fruzsina　家管　39 歲
🧒 9 歲　🧒 7 歲　🧒 5 歲　🧒 2.5 歲

「相較於我的父親，我覺得自己比較嚴格，有比較多規定。
我父親只有兩個孩子，這和我很不一樣，在我很小的時候，
他在工廠工作時間很長，下班後通常非常累，回家摸摸我的
頭，給我一個巧克力，就上床睡覺了。我們幾乎沒有什麼時
間相處，但我花比較多時間陪伴孩子。」── István

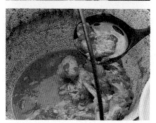

　　全歐第二大河流多瑙河穿過喀爾巴阡山脈後，東
流進入匈牙利，在科馬爾諾附近折轉南下，將匈牙
利畫成東西兩半，也將首都布達佩斯分為兩半。匈
牙利東面是一望無際的大平原，以農業為主；西面
景觀活潑豐富，山林田野交織，孕育自然與人文。
我們搭上 M2（紅線）地鐵，前往拜訪居住在西
面，匈牙利第三大湖緯倫采湖（Velencei-tó）附近的
István 和 Fruzsina（以下簡稱 Fruzi) 一家人。適逢夏
季週末，車廂內滿是歡樂度假氛圍，全家出遊的陣
仗，大人穿著輕便，戴著草帽、墨鏡，孩子拿著泳
圈、戲水玩具，車窗外陽光灑落，大家的心彷彿已
置身湖畔。我們是車上僅有的外國人，也是唯二穿
著長褲前往湖區的人，順帶一提，今天布達佩斯的
氣溫是 32℃。

　　István 和 Fruzi 育有一女三男，還有一隻小貓，為
了讓孩子擁有更好的生活品質，一家人才在 Agárd

小鎮定居。這個小鎮除了臨近緯倫采湖外，家家戶戶都有庭院，簡單栽種蔬果、養雞。在他們家附近，有一座小森林騎單車五分鐘就到，裡面有足球場和遊戲區。住在這裡的家庭，父母週一到五搭火車去布達佩斯上班，僅需 40 分鐘車程，週末就待在鎮上。十年前，大約五百個家庭移居於此，後來越來越多人搬來，現在居民約有一萬人。István 說：「其實匈牙利也面臨少子化問題，但在這個小鎮，一個家庭普遍都有四、五個孩子。」據瞭解，居住在匈牙利西面似乎是比較富裕、階級較高的家庭。

在自家戶外庭院烹煮匈牙利經典燉煮料理 Bogràcs（古老的牧羊人料理），就地取材用枯枝升火，陣陣白煙飄散天際。一邊做料理，一邊聊聊育兒經，喝著 Fruzi 父親自釀的帕林卡（Pàinka），一種道地匈牙利水果白蘭地，真是無比愜意。本以為今天在戶外烹煮料理，全因我們到訪的緣故，但 István 說：「假日都是如此。畢竟我們有四個孩子，週末在後院煮一鍋 Bogràcs 很方便，可以吃兩三天。」看著四個孩子在庭院各做各的事，未滿三歲的兒子裸著上半身急切想幫忙，但忍不住嗑下整條白甜椒；精力充沛的五歲兒子盪著鞦韆，驕傲地帶我們參觀門廊旁盛產的番茄、葡萄；九歲女兒與個性沈穩的七歲兒子熟稔的幫忙處理蔬菜。

如此大的庭院讓我們好生羨慕，István 卻說這院子在這區還算是小的。雖說比較小，庭院裡的吊床、盪鞦韆、八人座木製餐椅，還有門廊前種植的蔬果等，再再顯示這是多麼會生活的一對夫妻。如此重視家庭的他們是如何教養四個孩子？

教育能改變困境，扭轉人生

擁有兩個博士學位的 István，覺得自己很幸運。出身於弱勢貧窮的工人家庭，卻能擁有現在富足幸福的生活，完全仰賴父母的犧牲與栽培。父親在工廠工作 50 年，許多年前肺癌去世，父親生前告訴兄妹倆，必須接受教育，奮發學習，雙親犧牲自我娛樂，埋首工作，

竭盡所能供給他們讀書。母親曾說「你必須成為老師。」這句話，不僅是希望他能透過教育脫離工人階級，也是母親看見他的潛能與天賦——從小大量閱讀。他的天賦在家族裡非常少見，家人為之讚嘆，「這麼小的孩子怎麼能讀這麼多書」，母親才會有這番期待。

　　果然不負眾望，他目前服務於匈牙利政府為弱勢兒童設立的 Tanoda 組織，協助逃學的弱勢兒童重回校園。在匈牙利，上大學意謂未來會有較好的收入，可以選擇生活。István 就是最好的例子，上大學拿到兩個學位，有豐厚收入，負擔得起大家庭開銷，甚至可選擇在家工作，有較多時間陪伴家人，他認為這就是教育的力量。「但在匈牙利，像他一樣的人，也僅占人口的 1/3。」他正在做的就是改變人一生的工作，期許更多來自弱勢家庭的孩子，能夠像他一樣透過教育扭轉人生。

積極正面，對世界充滿熱忱

　　1990 年，匈牙利脫離共產主義，在這之前共產主義統治匈牙利長達半個世紀。在那個時期，雙親和祖父母皆被迫在工廠工作，學到的是「閉上嘴，好好工作！」、「不要有太多夢想」、「不要希望什麼」、「不要有個人意見」。到了 István 這一代，難免會受到父母影響，認為自己是小人物，做別人要我們做的事就好。在 18 歲那年，參加「Erasmus 基金會」的青年計畫，此基金會提供多樣化的計畫給經濟困頓或社會階層較低的歐洲民眾，可以去旅行、學習，更重要的是去實踐你的創意或點子。István 便透過基金會前往瑞士、義大利學習，也獲得一小筆補助款去實踐自己的企劃案。

　　他希望把「我可以做任何事」正面積極態度帶入孩子的生活，讓他們對世界充滿熱忱，所以他認為家長的責任，也是他目前正在做的，就是讓他們置身於非常不同的環境裡，譬如課程、營隊，讓他們選擇自己可以做什麼。像這學期女兒選擇西洋劍、西洋棋，她同時也是學校花式跳繩校隊，但卻告訴 István 不想再參加校隊，因為

不喜歡和他人對抗。然後在夏天來臨之前，女兒又說想去參加騎馬夏令營。他非常樂見孩子擁有多樣喜好，對事物主動感興趣，畢竟他的教養態度，就是不斷鼓勵孩子勇於嘗試，去發掘、培養各式各樣的技巧。

在團隊裡，也能展現自我

　　還沒有小孩之前，István 並不覺得在幼兒時期，孩子能展現多大性格差異，但當孩子在六個月、一歲時，他們的差異之大顯而易見。在匈牙利不論是教育或教養，著重於「差異」——看見每個孩子的不同點。如何讓孩子成為團隊的一員，但又保有個人特質，不僅在學校教育很重要，在家庭亦是如此。一般住在這個區的父母都會希望孩子獨立、聰慧，在歐洲擁有獨立批判的思考能力很重要，對每件事都抱持著疑問，不要僅是接受別人給的答案，而要提出問題。István 自嘲說：「如果我叫孩子『來這裡』，他們問我『為什麼？』，這就會是問題，尤其我有四個孩子。」

　　如何在團體也能展現自我呢？ István 認為這就像如何在 0 與最大值之間取得平衡一樣，中間值很重要。打個比方，現在我們在做料理，最小的兒子想要拿刀子切東西，一直不停說「爸爸我要…」，老二卻會說「爸爸，我能幫忙嗎？」面對他們，不能用相同的態度，一定要先瞭解他們性格的差異，才知道這些行為背後的意義，都在想「幫忙」，並沒有誰比較好或不好，而是要用個別不同的方法，去回應他們。就像 István 在工作上是領導者，所以本能的在家也扳起領導者的臉孔，有時 Fruzi 就會提醒他「回家後你就不是主管，不要下命令。」他就知道要把角色調回父親和丈夫。

陪伴的時光，親密互動

　　István 小時候父親長時間在工廠勞動，通常回到家已疲憊不堪，與

他相處的時光並不多，最深刻的記憶就是，父親的大手摸摸他的頭，給他巧克力，然後便上床睡覺。當自己成為父親後，特別花較多時間陪伴孩子，也為了給孩子更好的成長環境，搬到人文、自然資源豐富的 Agárd。家裡沒有電視，就是夫妻倆希望孩子出去走走，去找朋友，去接觸大自然，雖然有電腦，但也規定使用時間，不讓他們毫無目的瀏覽，而是比較像給他們一個任務，讓他們上網找資料，身為老師的 István 認為，畢竟網路科技是未來生活的一部分，與其禁止他們使用，不如陪伴他們學習如何正確使用。

Fruzi 的母親也是職業婦女，當母親下班她也下課了。一整天工作的母親身心負荷已達極限，當她想和母親說話時，母親會說「夠了。」自己有了孩子後，有時候也感覺有相同的情況發生，所以她要求自己每天早上幫女兒梳頭髮，雖然有時女兒會抱怨「妳弄痛我了，夠了。」但對她是非常珍貴的時光。「我母親從來沒有幫我梳過頭髮，也許有，但次數太少，我記不起來。」童年和母親一起參與活動的回憶真的太少，Fruzi 現在努力創造與孩子的相處時光，譬如去買東西，一起做料理等。夫妻倆都認為和孩子相處，最重要的就是當下全心全意的陪伴。

Bogrács 這道用又大又深的燉鍋烹煮的傳統菜色，就是把家人從四面八方呼喚回來的料理。當 Bogrács 完成時，大女兒和大兒子幫忙擺盤，二兒子坐在位子上等著，István 抱起小兒子坐定位，Fruzi 從屋內端著沙拉走出來，外公忙著幫小孫子們盛盤，外婆端著熱呼呼的麵疙瘩上桌，終於大家都坐定了，一家人便手拉手，唱著開飯前的歌，陽光從樹葉間灑落在他們身上，突然之間，我們瞭解到，這就是夫妻倆強調的「有品質的相處時光」，緩慢、優閒、全心全意的陪伴。就如 Fruzi 說：「我們也很好奇他們在想什麼，學到什麼，感覺到什麼。希望我們的陪伴能打開他們的心，讓他們開出屬於自己的美麗花朵。」

Family recipe

紅椒雞—帕皮卡
Paprikás csirke

材料（4-6 人份）

橄欖油　2 大匙
番茄　3 顆
青椒　3 顆
雞腿　1200 公克
洋蔥　2 顆
匈牙利紅椒粉[6]（甜）　1/4 杯
麵粉[7]　2 小匙
高湯或水　1.5 杯
鹽　適量
胡椒　適量

作法

1. 取一深鍋，倒入橄欖油，中火加熱，分次加入雞腿肉，待雞腿表皮微焦，取出。
2. 鍋內多出的油倒出，留下約 2 茶匙的油量，加入切成薄片的洋蔥。
3. 洋蔥炒至焦黃時，加入麵粉、甜紅椒粉，一起拌炒 1-2 分鐘。
4. 切好的番茄和青椒加入拌炒。蔬菜可自由更多，但建議以適合長時間烹煮的蔬菜為佳，譬如甜椒、菇類等。
5. 加入高湯，攪拌鍋內食材，注意鍋內不要有結塊。
6. 再加入微焦的雞腿肉，這時加入鹽、胡椒調味，煮沸後將火調至小火。
7. 蓋上鍋蓋，小火燉煮 25-30 分鐘，至雞肉熟透變軟嫩。
8. 再次將雞腿肉取出放到盤子上，撈出鍋內湯汁多餘的油，並再次調味。雞腿肉放回鍋內，小火加熱，即可熱騰騰上桌。

6 | 紅椒粉分為匈牙利紅椒粉和西班牙紅椒粉。匈牙利產地紅椒粉味道比西班牙產地，來得更濃。匈牙利紅椒粉有甜、辣之分，甜紅椒粉由熟透的牛角椒製作而成。製作此道料理一定要用匈牙利紅椒粉。

7 | 有的食譜在麵粉加入酸奶油，燉煮後湯汁就會變濃稠；有的食譜則不加麵粉。

(11)

Allt blir nog bra!

Everything is going to be Okay.

Verni

Kaikkea Pitää kokeilla!

You should try everything.

Sami

OLKAA KÄRSIVÄLLISIÄ ELI RELAX

Be patient – Relax!

Susanna

日常的家庭時光

Country. ———————————— City.
芬蘭   埃斯波

👤 Sami 建築工人 26 歲
👤 Jenni 部落客 26 歲
🧒 6 歲 🧒 5 歲 🧒 3 歲

「影響我最深的人，應該是母親。因為她總是那麼好，甚至在我有了孩子之後，她變得更加強大。雖然我很喜歡孩子，有時還是會有『我現在不想和孩子玩！』的想法，想要放鬆，做些自己的事情。她卻能夠一直維持玩樂情緒和精力，陪孫子玩上四小時都沒問題。她真的很擅長和孩子玩，孩子和她在一起總是很開心，她的孫子都非常喜歡她，這是我敬佩她的地方。我希望能像母親一樣『時時刻刻在孩子身邊』。就像在我還小的時候，她會帶我們去公園，為我們朗讀書本，和我們一起玩遊戲，很享受和我們相處的時光。」── Jenni

　　芬蘭是我們郵輪之行停靠的第四站，和德國一樣只停留一天，早晨七點到港，下午四點啟航。船抵達首都赫爾辛基，天氣非常晴朗，氣溫約在 18℃，當地人都穿著短袖 T 恤，來自亞熱帶氣候的我們則需加件薄外套，但到近正午 12 點薄外套是穿不住的。我們先搭公車再轉地鐵到 Jenni 的婆婆家，「我覺得你們的企畫非常有趣，便和媽媽分享，請她一起來參與，但她突然說要去旅行。我趕緊問婆婆可不可以，她說『好』。在你們倆位抵達前打電話給婆婆說採訪的兩位小姐 11 點會到。婆婆嚇了一大跳！因為她以為是我要幫她拍照。」

芬蘭教育舉世聞名，從幼兒園（preschool）到大學全部免費，但針對五歲以下幼兒的日間照顧（Day Care），還是分為自費或政府補助兩種，自費方式依照家庭收入比例調整。很多國家三歲就開始上 preschool，但在芬蘭六歲才可以。六歲以下孩童不是待在家，就是去日間照顧中心或教會俱樂部。三歲的二兒子每週會有三天去俱樂部，從早上九點到下午二、三點，他們會唱歌、吃點心、玩遊戲，以玩耍為主。

「芬蘭的日間照顧機構供不應求。在申請日間照顧時，我們不能選擇地點，只能在申請單填寫『希望地點』，意思就是不保證是你要的。這也造成工作需要輪班的家長，孩子白天、晚上的照顧中心不同，得帶著孩子跑來跑去的狀況。」由於日間照顧機構真的太少，芬蘭政府鼓勵媽媽在家帶小孩或親朋好友幫忙帶小孩，願意幫忙帶小孩的親人（爺爺奶奶、外公外婆）、朋友，則會得到一筆政府給的補助款。所以芬蘭有些全職媽媽會順便幫朋友帶小孩，不但解決朋友的問題，還多了一筆收入。

首都赫爾辛基有一項從 1946 年開始已實施七十年的兒童社會福利，就是暑假週間（平日），政府擔心那些家庭有狀況，或是父母在上班的孩子乏人照顧，便在公園遊樂場附近會提供午餐給孩子。Jenni 說這是確定孩子有吃東西的好方法，而且食物是有薪的社工製作，並發給孩子。所以孩子只要到家附近的公園就有東西可以吃。

Jenni 和 Sami 在 20 歲那年結婚，說起和丈夫 Sami 相戀的經過，兩人略帶笑意看著對方。原來他們是在朋友聚會「一見鍾情」，認識兩天就在一起，交往一個月懷孕，當時 Jenni 年僅 19 歲。戲劇化的展開，完全正中我們兩位媽媽遺忘許久的少女心，但 Jenni 雙親可不這麼想，仍對這神速發展震驚不已。爸媽一開始很困惑，完全搞不清楚到底發生什麼事，因為她和丈夫真的認識沒多久！直到後來孩子出生，雙親看著他們用心帶孩子，是好父母，便放下擔心，轉而為他們開心。原來父母只是擔心，當時 19 歲的他們是否真的知道如何養育新生命，以及能否擔負起責任。

Find us on

| WMF Taiwan | Q |

全省百貨銷售據點

WMF SOGO 天母館 | 02-28347186　台北市士林區中山北路六段77號6樓

WMF SOGO 忠孝館 | 02-87713850　台北市大安區忠孝東路四段45號8樓

WMF SOGO 復興館 | 02-87726476　台北市大安區忠孝東路三段300號8樓

WMF SOGO 巨城-新竹 | 03-5344305　新竹市東區中央路229號6樓

WMF Mega City 板橋大遠百 | 02-29648450　新北市板橋區新站路28號7樓

WMF 板橋遠百 | 02-29567223　新北市板橋區中山路一段152號10樓

WMF TopCity 台中大遠百 | 04-22548283　台中市西屯區台灣大道三段251號9樓

WMF 新光三越台中中港店 | 04-22548262　台中市西屯區台灣大道三段301號8樓

WMF 中友百貨 | 04-22292735　台中市北區三民路三段161號A棟11樓

WMF SOGO 高雄店 | 07-3356407　高雄市苓雅區三多三路217號10樓

WMF SOGO 中壢店 | 桃園市中壢區元化路357號7樓（2016.12月開幕）

Jenni 高中就讀國際學校，因為結婚生子，畢業後便沒再升學，也從那時開始就是全職媽媽。看著如此年輕的她，忍不住問她未來會想再升學或做些什麼，「就是當媽媽，像我媽媽一樣的媽媽！」聽到這句話，雖然我們不是 Jenni 的媽媽，但身為媽媽的我們，除了被鼓勵得滿滿感動外，還有被她理所當然的口氣所震撼，在我們面前的是多麼滿足的母親啊！我們追問她會不會懷念婚前單身生活，「不太會，因為很喜歡和孩子在一起。但是，孩子上床睡覺後，不管是屬於自己或和老公獨處的那一個小時對我來說非常重要。」

一個人，沒有小孩、沒有老公，當然可以做任何想做的事，去想去的地方。但對於一直想擁有大家庭的 Jenni，現在的生活就是她的期待。喜歡家庭生活的 Jenni 和 Sami 是如何教養三位小男孩？在教養過程遇到什麼問題？又是如何溝通與協調呢？

建立日常生活規則

當 Jenni 還是孩子時，學習到最重要的是「生活常規」。雙親在每天生活中會實踐：吃午餐，吃點心，去公園玩，回家吃晚餐，稍微玩一下，洗澡，說床邊故事，然後就睡覺，每天都是如此。她便知道，現在吃點心，等會就要出門，也不會吵著說不去，因為知道每天都會在這個時間出門。這是讓孩子輕鬆學習時間管理的方法。Jenni 回憶：「當然，我也曾經說『我現在不餓，不想吃』，但雙親會說『那你到下一餐之前都不會有食物』。」由於從小雙親就這麼做，所以 Jenni 學到在用餐時間就是要吃飯。

現在 Jenni 一家的生活時間表，是晚上八、九點睡覺，早上八點起床，九點吃早餐，十二點吃午餐，然後小兒子去睡午覺，下午三點是點心時間，然後出門玩，大約五點或五點半吃晚餐，之後一起做一些活動（閱讀、遊戲等），接著洗澡，最後在九點前上床睡覺。每天的生活都按表操課，固定的吃飯、睡覺時間，這樣孩子就知道現在該做什麼。很多人也許會認為，餓了就吃，睏了再睡，但她學

習到要有常規，孩子比較不會吵鬧，因為他們知道接下來要做什麼，心理上也有所準備。

船到橋頭自然直

如今已是三個孩子的媽媽，我們想 Jenni 應該也經歷過新手媽媽手忙腳亂的階段。她卻說「我一直相信自己，覺得一切都會變好。」原來是母親總是對她說「船到橋頭自然直，一切都會沒問題的。」當然嬰兒哭鬧，有時難免仍會緊張、擔心，但她總是抱著正面態度告訴自己：「他們最後都會變得開心，所以沒關係。」說起 Jenni 的母親，Sami 笑著說：「她很瘋狂。」聽到丈夫這麼說，她趕緊解釋，母親非常隨性，常忘東忘西，比方母親很正經跟你講述某件事情，但會突然轉換話題，跳到另一件事，然後搞得大家一頭霧水，最後某件事的結果如何，也沒人知道。

「船到橋頭自然直」這句話的寓意是，不管事情有多困難，只要努力去做，到了某個時間點，自然會往好的方向發展，充滿正面，不要放棄，勇於嘗試的精神。她希望兒子們未來面對生活也能如此，Sami 也說「你必須勇於嘗試任何事」，這是一種生活態度，不努力、不嘗試怎麼知道自己能走到哪裡，世界上有太多值得一試的事。

行為與規矩的養成

夫妻倆在教養孩子的態度大多一致。就像 Jenni 雙親一樣，父親嚴格執行常規，母親比較有彈性，可以接受一些例外。她常對孩子說「如果你不做，你會被懲罰，譬如不可以玩電腦，罰站或假日不能吃糖果」，但當孩子沒有做到時，她也沒有處罰他們。Sami 會覺得這樣不對！他認為「如果你說了，就要做到，不然他們不會再相信你。」她也瞭解這道理，而且也發現孩子知道媽媽不會處罰他們而賴皮。所以，在要求孩子清理自己的房間，講了五次也沒用時，會

去請丈夫告訴孩子，而孩子一定會照做。「孩子比較不聽我的話，不止因為我不會處罰他們，另一個原因就是爸爸平時工作時間較長，回家和孩子相處的時間較短，相較每天在一起的媽媽，他們會比較願意聽爸爸的話，比較不會和他討價還價。」

Jenni 和 Sami 的雙親都注重行為舉止要有規矩，婆婆更說最重要的是一定要去上學，然後行為良好。長輩當然希望學校成績好，但他們真正在意的是孩子行為舉止、待人處事是否合宜，規矩是最重要的事，成績是次要。因此，他們平日教養孩子，除了建立日常生活，也特別注意孩子待人處事的行為表現，期許他們成為有自信、獨立、體貼的人，更重要的是成為他們心目中理想的自己。「和丈夫在教養態度與想法都很一致，會互相幫助，丈夫是很棒的幫手。」

婆婆養了一大一小友善熱情的狗，名叫 Youngpa 及 Sdobe。當我們席地而坐和 Jenni 聊天時，突然覺得嘴巴一陣濕黏，原來是大狗 Youngpa 獻上熱吻。Jenni 笑著說：「YOUNGPA 很喜歡這樣！牠喜歡妳們。」意外的插曲，惹得大家笑聲連連，也讓我們真切感受到夫妻倆最重視珍惜的家庭生活。洋溢生活感的屋子充滿孩子們的玩具，Sami 陪著男孩們玩著專屬的拋高高遊戲，Jenni 坐在沙發上看著笑了，偶爾男孩想到什麼，跑來問她，婆婆則在廚房忙著，爐火上滾著每年聖誕節都會做的那道料理。對他們而言，這一切、這香氣是再熟悉不過的日常。

奶油燉牛肉佐馬鈴薯

材料

牛肉　1 公斤
大洋蔥　1 個
黃油　100g
麵粉　100ml
奶油　200ml
香料　適量
鹽　適量
白胡椒　適量
黑胡椒　適量

作法

1　牛肉和洋蔥切成小方塊。牛肉切小塊，小孩比較
　好入口。

2　取一深鍋，將鍋燒熱再加入黃油。溫度要持續高
　溫，開中大火。

3　加入切小塊的牛肉、洋蔥和香料，中大火燒烤直
　到所有水分蒸發。

4　加 1 公升水，並將火力調整到中火，蓋上鍋蓋，
　燉 1.5-2 小時。

5　麵粉加入 200m 水，攪拌均勻至有點稠，倒入鍋
　中。

6　火力降至中小火，燉 15 分鐘。

7　再加入奶油，再燉 15 分鐘。依個人喜好，可以再
　加香料。

8　選擇自己喜歡的蔬菜裝盤，譬如熟馬鈴薯、花椰
　菜、小胡蘿蔔。

12

Live a happy
and
meaningful Life!

Aleksei
BITSKOFF

在幻象世界裡
保持一顆
清明開放的心

文 Beatniks

Country. ———————————— City.
英國　　　　　　　　　　　倫敦

👤 Aleksei Bitskoff　插畫家　39 歲
👤 Anastassia Bitskova　飯店營運管理
🧍 Timothy　6 歲　🧍 Newborn

「我們有時候會盲目，看不清事實。我希望孩子能夠思想開明，心胸開放，在人生早期就知道自己想要做什麼，並有一直追尋下去的決心——當然我還希望他能夠快樂。」——Alex

　　訪問 Alex 一家的這天，我們先去了他家附近由華人開設的小菜館吃午餐，雖然才剛到倫敦沒多久，但連續好幾頓飛機餐把胃口都吃壞了，吃一下這個不怎麼道地的中國菜還是撫慰了喜歡吃米飯的胃！沒想到東方情調一直延伸至 Alex 的家，他拿起一個裡面裝著一團咖啡色黏黏東西的玻璃瓶給我們看，說要請我們喝。我們都被那團怪東西的長相嚇了一跳，「這是 Kombucha！你們不知道嗎？來自中國⋯⋯還是日本的喔。」差點被它的外表騙倒！加了冰塊的 Kombucha 意外地好喝，像是甜甜的氣泡茶。Google 後才知道，原來 Kombucha 是紅茶菌，Alex 說它含有很多有益腸胃的好細菌。

　　我們兩個，一個台灣人，一個香港人，從未聽過這種來自東方的「菇」，感覺有點汗顏。這位十分喜愛東方哲學的老外，英文帶著濃重的口音，開玩

笑說自己的英文沒有比我們好。他是來自愛沙尼亞的俄羅斯人，來到英國落地生根，現在和同樣來自愛沙尼亞的太太 Anastassia、兒子 Tim 住在倫敦。

我們都叫他 Alex，但他的本名是 Aleksei Bitskoff，為出生在愛沙尼亞納爾瓦（Narva）的俄羅斯人。Alex 小時候住的地方一河之隔便是俄羅斯，該區居民大都是俄羅斯人，他們也不怎麼會講愛沙尼亞語，因為小時候上的是當地俄羅斯學校。父母和兄弟先後移民到英國，Alex 完成學業後也在 2001 年到了倫敦和家人團聚，也希望人生有不同的發展。到倫敦後他才正式學習英文，當時還到處打過一些像是餐廳和宴會侍應、火車清洗工、油漆工等等的零工。可是 Alex 希望繼續學業，那時在他面前有兩個選擇，一是去倫敦大學亞非學院（School of Oriental and African Studies）念佛學，另一是去倫敦傳播學院（London College of Communication）修讀插畫課程，他選擇了後者，現在是自由業插畫家，為許多童書創作插畫和設計封面。

學校是一回事，人生又是另一回事

Alex 跟我們說愛沙尼亞的基本教育是九年，之後年輕人可以選擇工作還是繼續升學，如果打算讀大學，就要繼續念到 12 年級。評論起當地教育，Alex 認為愛沙尼亞的學校提供十分廣泛的教育，培養小孩擁有多方面的知識，但他也覺得小孩有時反而不清楚自己的喜好，該朝哪方面發展，他自己年輕時也曾經迷惘過。大學時他念俄國語言和文學，這個系的學生畢業後通常是去當老師，所以 Alex 第一份工作也就是教書，沒想到在命運安排下卻成為英國插畫家，他有感而發：「學校是一回事，人生又是另一回事。」

Alex 從小就愛畫畫，也得到父母支持，除了鼓勵他上藝術學校，還送他去音樂學校學習小提琴，試著幫他找出自己的潛質和喜好。他苦笑說：「我不喜歡小提琴，每天上音樂課時都希望看到學校門口貼著老師生病的告示。」如果課業落後了，愛沙尼亞的學生也一

Live a happy and meaningful Life!

Alexsei BITAKOFF

樣會在下課後去補習。Alex 整體的學業成績尚可,唯獨數學比較差,還好父親精於數學可以幫他補強。成績不好父母當然不開心,不過「母親不會強迫我們日後一定要做什麼,但會建議方向。」Alex 的青春期正值蘇聯解體後的 90 年代,愛沙尼亞成為獨立國家,在那個年代成長過來的東歐人,生命大抵都經歷過一番歷練。從共產主義過渡到資本主義時期的愛沙尼亞,社會和經濟環境比較差,當時 Alex 的父母也忙於生計,後來家人移居英國,他獨自留在愛沙尼亞,便得要自立自強,現在回頭看是好事。

與佛結緣,了解世界是個幻象

父母以外,還有一些人也大大改變了他的人生哲學。大概在 15 歲時,學校的一位體育老師讓他第一次接觸到瑜珈,「由此我開始對東方哲學感到興趣,例如佛教、禪,我也學習合氣道。這些教我冥想或武術的老師都對我產生影響。」Alex 因此才會考慮念佛學。一開始最吸引他的是佛教「空」的概念,「一切都是空無,世界是個幻象,哇我覺得好酷。它是你思想的食糧,讓你思考更多。」他到過印度、西藏等地參觀佛寺聖地,多年來和太太都保持冥想的習慣,「打坐時我們會把注意力集中在呼吸上,你的意識變得清楚,思考變得清明,腦袋好像有更多空間讓思想進入,但你不會隨它們游走,完全處於當下,生命便源自於此時。」佛教思想影響了 Alex 的世界觀和工作,他覺得藝術和佛教有許多有趣的連結,當他投入畫畫時會進入一種心流的狀態,跟冥想很相似,他感受著當下與人生,同時也在為別人創作有意義的作品。

家庭煮夫的創意料理

Alex 和太太吃素多年,但並沒有刻意讓兒子 Tim 成為素食者。由於太太要上班,平日兒子的早餐和晚餐都是他在料理。儘管五歲

的 Tim 長得頗大隻，但有時就是不願意好好吃東西，這是 Alex 和 Anastassia 比較頭痛的地方。Tim 喜歡喝湯，Alex 就會用雞肉雞骨加上卷心菜、甜菜等熬成湯給 Tim 下課回家時喝，當然也少不了家鄉羅宋湯。問到他自己小時候有什麼關於吃的回憶，Alex 腦海第一個想起的畫面就是：「我不喜歡吃胡蘿蔔，常常把它從湯裡面撈出來偷偷丟到在地上，crazy！」現在成為人父，他便想盡辦法讓兒子吃得健康。對於有偏食習慣小孩的父母，Alex 有個經驗分享：「如果小孩不喜歡健康食物，比如花椰菜、菠菜，我會加入椰奶、香蕉，用果汁機打成果汁，小孩覺得好喝但並不知道那些就是他不喜歡的食物。」

訪問當天三口子（Anastassia 當時肚子裡其實還懷了個小寶寶）為我們烤了一個 Alex 口中「It looks crazy but it's tasty，我們可以嘗嘗看」的披薩。雖然披薩不是健康食物，但他覺得好處是可以讓小孩跟大人一起動手煮東西。為了兒子的健康，Anastassia 也改變習慣，聽從牙醫的囑咐不再常買甜食給 Tim。在家裡 Alex 充當白臉，Anastassia 則扮演黑臉：「太太比較嚴厲，我相對比較自由寬鬆，如果兩個人都嚴厲或太放任都不行，要平衡。」

時間有限，愛無限

本來不是特別喜歡小孩的 Alex，沒想過自己有天會成為父親，當爸爸後最大的改變就是成為更負責任的人，「兒子讓我變得更成熟，更能了解別人的感受，自己會成長為更好的人。」Anastassia 則自覺變得更有耐性，提醒自己不能用對待大人的方式來跟兒子講話，如果要改變孩子的行為，與其用禁止的方式，倒不如花點耐性跟小孩解釋背後的原因，「就算他已有自己的主見，已經很會跟你講故事，但他還只是個小孩子。」夫妻覺得教養上最大的問題，是時間。這個年紀的小孩很需要得到大人的關注，但當 Alex 要工作或者太太下班回來也滿累的，可能會忽略兒子的需要「只能盡量抽時間囉。

Tim 喜歡畫畫，我會陪他一起畫，或者跟他玩柔道，打打架。」除了上學之外，Tim 現在一星期一天要上游泳課，一天上柔道課，正因為平日要接送小孩自己難有完整的時間，因此 Alex 都把工作安排在週末進行。還好 Alex 的父親就在附近上班，有時會幫忙接 Tim 下課，週末也會來帶他出去附近的農場玩「我父母有點太寵小孩，有些事情小孩自己會做，比如穿衣服，但他們就是要幫他做。」天下祖父母都一個樣吧。Alex 和 Anastassi 在 2016 年搬到克拉珀姆區（Clapham），一方面可以跟父母住近一點，也因為他們希望 Tim 能就讀該區某所學校，雖然後來沒考上，但是他現在讀的學校也不錯。家長找學校可以參考英國教育標準局的報告對學校作出的評分，就知道哪家學校比較好。Anastassi 說：「有些家長為了孩子能上好的幼兒園，甚至在小孩還沒出生前就已經申請了，就算是排後補名單，可能也要等上兩年。」望子成龍的心態也不只是華人獨有，這是在倫敦訪問了兩個家庭後的感想。

Alex 曾在愛沙尼亞塔林的 Ted 上發表演講，主題是「如何讓自己進入創造力心流狀態」，分享他的宗教和創作觀。作為創作者，他會不會特別希望兒子跟自己一樣充滿創意？「我覺得每個人都有創意，只是他們自己不以為意而已。我反而希望 Tim 能成為善良、思想開明的人，如此他才能看到自己有各種不同的選擇，擁有不同的想法，不會固步自封。」

七月初的倫敦晴空萬里，和我印象中有點出入，躺在格林威治公園偌大的草地上，看著雜耍藝人在練習、喁喁細語的情侶、牽著小狗的小孩，抑或散落在各處像我們一樣在發呆的人們，大家都以草地為床，藍天為被，頓時覺得世界真的很大——每個人都有自己的舞台、一片天空。如 Alex 說的，每個人都有創意，要打開腦袋去接收，睜大雙眼去觀看，別自我設限。

Family
recipe

好健康貓頭鷹土司

材料

全麥麵包 2 片
火腿 2 片
小黃瓜 1 條
葡萄 幾顆
四季豆 4 根
漬橄欖 2 顆
熱狗 1 條

作法

1 麥片土司切成一個大三角形，與兩個小三角形。
2 大三角形擺中間，當貓頭鷹的身體。
3 左右各放一個小三角形當翅膀。
4 火腿切成兩個大圓形，小黃瓜切薄片，葡萄切一半，當成眼睛。
5 中間放上切了一半的火腿當鼻子。自由裝飾其他四季豆、葡萄、橄欖。

創意大自由 PIZZA

Family
recipe

媽媽太忙的時候，就買現成
麵團吧！方便快速，材料可
以讓小孩自由發揮，創意不
打折。

材料

現成 pizza 麵團　1 個
雞肉片　適量
德國熱狗　適量
起司　兩種
番茄醬　適量
小菠菜　適量
火腿　適量

作法

1　在麵團上塗上一層番茄醬。
2　隨意加上熱狗、火腿、小菠菜等材料。
3　最後撒上一層起司，放入烤箱，
　　200℃，烤 20 分鐘。

tu peux le faire

You can do it.

You can do it.
你做得到！

Country. ——————————— City.
法國　　　　　　　格勒諾勃

👤 Sylvain Woets　餐廳主廚
🧑 蔣國英　老師
🚺 17 歲　🚹 8 歲

「影響我最深的是外公，他不多話，卻給我許多啟發。他從不慌張，做事很慢，也從沒有看過他慌張的奔跑，就像大象一樣，動作緩慢，但堅定又強壯。」—— Sylvain

賣掉在法國東南方格勒諾勃（Grenoble）經營七年的 Chez Nous 茶館，決定跟著老婆、小孩到台灣休息一年的法國料理主廚 Sylvain，在梅雨悶熱的六月天坐在天母家中，笑著對我們說：「這是十年前的決定了。」

法國主廚爸爸的期許

Sylvain 主廚對於個性與喜好不同的兩位女兒的期許是「You can do it. 你做得到！」能做到什麼呢？就是希望她們能夠，一、瞭解他人；二、做事有毅力。

—— 瞭解他人

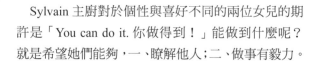

在未來的道路上，女兒們一定會碰到形形色色的人，也許第一次見面的人，就對你大吼大叫，你不知道為什麼他這麼做，為什麼他這麼笨，但要試著去瞭解為什麼，不要太快下判斷，因為你不知道他

的背景，不知道他經歷了什麼，也許他剛失去工作、跟男女朋友分手等。這不是給對方找藉口，而是去搞清楚原因，如果失敗了，再試一次。再一次嘗試，是給對方機會，也是給自己找出原因和為什麼。當然，如果對方真的很笨，那就不要理他！

—— 做事有毅力

Sylvain 認為生活是不輕鬆的，世界總是與我們作對，阻止我們往前進。因此，當你失敗，千萬不能將失敗視為理所當然，而是要努力再試一次。他討厭藉口，為失敗找藉口，是懶惰的人才會做的事。因為完美的世界是不存在的，而讓世界變好的方法，是你思考的方式。

當我們問到，如何教導或告訴女兒這兩點時，「我不用說的，是用行動讓她們瞭解。」因為，小孩會複製大人的行為，尤其是父母，以身作則非常重要。Sylvain 主廚提到，最近受邀至東區一家手工披薩餐廳當行政主廚顧問，負責廚房的教育與管理，他第一天進廚房，看到凌亂的工作檯，他並未發火，而是先把工作檯清理乾淨，將廚具有條不紊的擺放好，在工作時，一切都有條理，不久之後，廚房裡其他人就跟他一樣了。他說：「當然我也可以一進廚房就直接發火，對大家吼，這是傳統的方法，但我不認為是做好事情的方法。」

態度從小培養起

有著如此積極生活態度的 Sylvain 主廚，從十年前決定到台灣休息度假，就一直在教導台灣莘莘學子正統的法國料理，專業如他，也曾猶豫是否要成為廚師。在法國教育體制下，13-14 歲時，就得決定是否繼續升學或是轉至專業（職業）學校學習。那時 Sylvain 主廚並不是在升學與專業學校兩者之間猶豫不決，而是在藝術或烹飪領域之間難以抉擇。

會有這樣的問題發生，要從家人對他的影響說起。他的父親是長

年駐守海外的海軍，母親則是忙碌的職業婦女，童年陪伴他的是以木匠工藝為業的外公、擅長做蛋糕的外婆，以及很會做派的阿姨。外公雖然話不多，但在他小時候，長達十年的時間，只要到了暑假都會花一個月時間，開著露營車帶著他到處旅行；很會料理的外婆，總是在廚房裡做著他最喜歡的菜色，也讓他在菜園裡發現食物的美好；開朗活潑很會做派的阿姨，總和外婆在廚房裡忙進忙出，讓他在肚子餓時，總有吃不完的料理。長年在外的父親，因為周遊列國，經常帶回異國食材或料理，當然不是每次都很美味，卻總有驚喜。

在環境薰陶下，Sylvain 主廚除了擁有藝術與烹飪的碁石外，也懷抱著強烈的興趣。花了兩年時間，才決定往烹飪專業發展，他說：「其實烹飪和畫畫是一樣的，一個是在盤子裡畫畫，另一個是在畫布上畫畫。」一旦決定了方向，隨即開始一週上學兩天，剩下的五天，則是朝九晚八在餐廳工作，雖然日子過得辛苦，但努力後，得到的一切都是值得的，「這樣才是訓練廚師的方法，絕不可能在學校訓練廚師的。」於是，他在 18 歲取得了專業廚師的學歷，並開始周遊歐洲各國工作。

巧克力餅乾

材料

奶油　115g
低筋麵粉　220g
雞蛋　1 個
砂糖　130g
蘇打粉　1/2 匙
香草精　1 匙
礦鹽　1/2 匙
咖啡　1-1/2 小匙
巧克力　220g

作法

1　奶油放於室溫軟化，低筋麵粉過篩，巧克力切碎，備用。
2　軟化的奶油放入大盆中，攪拌開來，再加入砂糖，攪拌至變白變膨鬆。
3　依序加入鹽、咖啡粉、香草精、雞蛋攪拌均勻。
4　加入過篩後的低筋麵粉，攪拌均勻，
5　最後加入切碎的巧克力，攪拌一下。
6　攪拌好的巧克力餅麵團，搓揉成小圓形，大約 10-15g 左右，放在烤盤上。要有一定間距擺放，因為麵團裡的奶油會在烤箱內融化，讓麵團變扁變大。
7　擺放巧克力麵團，送進已經預熱好 140℃ 的烤箱內，分 2 次烘烤，每次 10 分鐘。

Place
to go

巴黎親子蔬活慢遊

Paris, France   文 Bianco

在巴黎的時間就像被精靈撥慢了一樣，漫步在容易迷
路的街道上。河邊和公園都是或躺或坐的人們，跟著
我們一起換上優閒，和當地人作伴一起親子漫遊吧！

Am 10:30
■ 巴士底市集 Marché Bastille

如果週四或週日早上想逛逛市場，巴士底市集是個不錯的選擇。鼎鼎大名的巴士底廣場和法國大革命連在一起，就在巴士底站旁，坐地鐵就可以直達，十分方便。裡面從最基本的生鮮蔬果、鮮魚海鮮、熟食飲品到二手雜貨、創意手作都有，琳琅滿目。在成排的林蔭下，可以看到爸媽推著牽著孩子，在其間穿梭，一邊試吃，中間還有小小的溜滑梯可以讓孩子玩樂一下。建議就買個法式可麗餅在這裡野餐吧，吃飽喝足了再到文藝氣息滿滿的瑪黑區走走。

♥ 8 Boulevard Richard Lenoir, 75011 Paris, France
🕐 週四 07:00–14:30，週日 07:00–15:00

Pm 13:00
■ 選品店 Bonton coiffeur

這是間媽媽可以好好挑衣服，放心讓孩子玩玩具的選品店。從巴士底市集沿著 Rue Amelot 這條街往北走，再轉到 Boulevard des Filles du Calvaire 大道約 11 分鐘就到，坐地鐵 M8 也不用換車。這獨棟的兒童選品店，小小招牌不起眼，但裡面別有洞天，布置雅致風格。一樓販賣兒童服飾，任君挑選，B1 則有小朋友的家具飾品，也有玩具和書籍。選個舒適的座位，小朋友可以窩著讀書畫畫。最特別的是一樓還有兒童專屬像明星的剪髮區，根本溜孩天堂。穿過街口的 Rue dePoitou，就是超文青的選品店 Merci。中午過後，就在這享受文藝氣息吧！

♥ 5 Boulevard des Filles du Calvaire, 75003 Paris, France
🕐 週一～六 10:00–19:00，週日公休

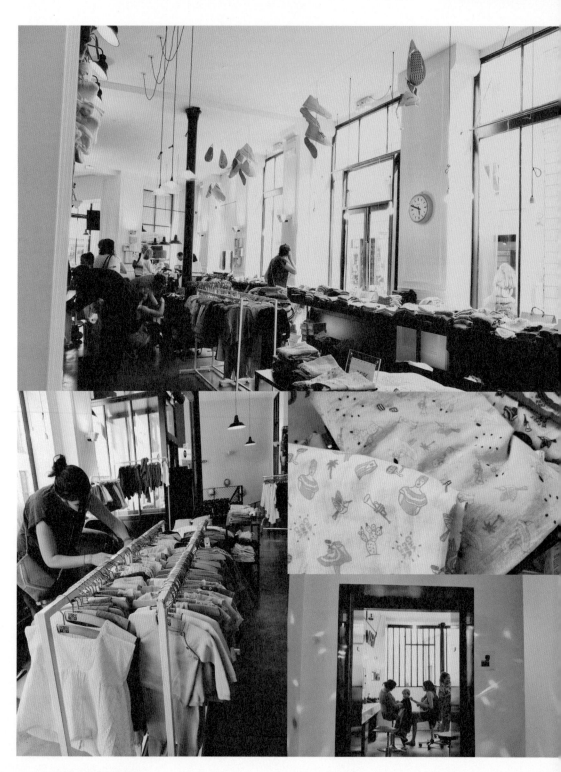

Pm 16:30

■ 孚日廣場 Place des Vosges

　　漫步逛完瑪黑街區的設計小店，大概走個十分鐘，穿過層層的光影門廊，就到了法國巴黎最古老的孚日廣場。廣場東南角還有大文豪雨果的故居喔！古老建築在四周圍繞成方形，正中心的小噴水池是視覺中心，旁邊則是超大的樹蔭，樹蔭下的兒童遊戲區是沙地。小孩在遊戲區攀爬，青年在草地上曬太陽，成對的老人也坐在椅子上手牽著手，各年齡層都在這裡享受優閒氣氛。可以在廣場邊的小天使Amorino，買支有名的花朵冰淇淋，和小孩一起慢慢消磨時光。

📍 Place des Vosges, 75004 Paris, France
🕑 全年無休

14

Freundschaft

Friendship

Annett

尋找生命中珍貴的友誼

Country. ———————————— City.
德國　　　　　　　　　　柏林

👤 Fabian　工程師
👤 Annett　家庭諮詢專員
👧 Sofe　9 歲　👦 Augus　5 歲

「我小時候很害羞，學齡時期在學校非常寂寞。那時候，常常因為母親工作的關係，被迫一直轉學。每到一所新學校，班上同學早就互相認識，有自己的友誼圈，我很難加入，天性害羞的個性，更是雪上加霜，導致高中之前學校生活非常慘澹，也很寂寞。直到高中我遇見一輩子的摯友，一切都改觀了！摯友是同班同學，她並沒有做什麼特別偉大的事情，就只是接納原來的我，從不曾要我改變，這讓我很有安全感。我清楚知道她是站在我這邊，漸漸的開始對周遭人事物敞開心胸。今年是我們認識的第 20 年，昨天是她的生日，在她家舉辦小小派對，只有我們倆和各自的孩子，下廚做義大利麵（Spätzle），吃蛋糕，孩子們玩在一起。我們真的很親密，學生時期，在學校相處整天，回家了還會打電話給對方，也會寫信給對方，現在也一樣，電話可以講一整天。」

—— Annett

離開英國、西班牙，緊接著是十天九夜的郵輪旅行，繞著波羅的海航行，讓我們省去提著行李，舟車勞頓之苦。第一次郵輪旅行不僅順利完成北歐各國採訪，每天吃飽睡好，還能欣賞壯闊海上風景。從丹麥的哥本哈根港口啟航，第一站停靠位於德國東北部非常有名的避暑勝地瓦勒慕（Warnemünde），早上七點停靠，晚上十點啟航。從這裡去柏林，來

回就要六小時，由於當天停靠、當天啟航，我們必須趕在啟航前半小時回到瓦勒慕，時間壓力讓德國之行變得特別有趣。

瓦勒慕起源於 1200 年，是前東德的小港口，波羅的海著名避暑勝地，現今是北歐、蘇聯航線遊輪的德國停靠港。波羅的海著名避暑勝地的共同特色就是暑假非常涼快，在最炎熱七、八月盛夏，許多歐洲城市熱的快中暑，但瓦勒慕的氣溫只有二十幾度。我們抵達那天，正是七月，天空微微飄著小雨，穿著薄外套就可以。聽說另一個吸引大量德國人來這避暑的原因，就是那一大片又細又白的沙灘，可惜我們行程匆匆，無緣一睹小鎮風情及沙灘。

還好火車站離港口只要五分鐘路程，我們搭乘德鐵（DB）到羅斯托克（Rostock）轉車到柏林的布赫區（Buch），前往北歐第一個採訪家庭 Annett & Fabian。三小時路程，穿越德國北部，沿途森林綿延、麥田遼闊、農舍矮房，細雨紛飛的天氣裡更添自然樸質，偶爾悄然現身的野鹿，不禁讓我們驚呼連連，就像令人熟悉的德國製造商品一樣，強調實用至上，俐落外型卻令人驚嘆。在時間壓力下，一路緊盯車廂內看不懂的德文 LED 訊息面板，相互確認停靠站數，深怕坐錯車。

在柏林出生長大的 Annett 曾任護理治療師，主要是照顧身心有殘疾的各年齡層患者，工作時間冗長，懷孕後便辭去工作，來到目前任職的勞工福利會（AWO）擔任家庭諮詢專員，負責協助、回答家長育兒大小問題。AWO 是德國免費福利六大協會之一，在德國有許多分會，Annett 服務的柏林分會，主要為兒童、青少年、成年人、家庭和老年人提供多元化和全面的社會服務。當天工作臨時調度，Annett 必須去值班，我們也才有機會一睹協會風貌。

走進 AWO 柏林分會，彷如到朋友家作客，脫下室外鞋放進鞋櫃，穿上主人準備的拖鞋。窗明几淨的客廳、繽紛的兒童遊戲區、功能齊全的小廚房，簡單的辦公室，非常有家的感覺。今天就要在小廚房烤「檸檬磅蛋糕」，但顯然工具不足，Annett 一邊往協會門口走去，一邊介紹環境：「協會同層樓的另一旁，有一個大廚房，我們

會固定開設親子烹飪課程，讓住附近的家長帶著孩子一起免費參加，所以工具很多很齊全。協會這棟大樓的其他樓層還有許多為民眾服務的國家機構，這個廚房大家都可以使用。」

原本個性害羞的 Annett，是如何轉變成現在樂於幫助人，敞開心胸去接納來自世界各地的人，甚至願意接受素未謀面的我們，大方分享她的人生故事與對孩子的教養態度呢？

經營生命裡值得珍惜的友誼

小時候因媽媽工作的關係常常搬家，一次又一次的轉學到新學校，大家都已自成團體，就只有她落單。個性內向害羞，不太愛說話，也導致小學時非常孤獨，日子很慘澹。後來碰到一位畫畫老師，知道如何和她對話、溝通，發現她喜歡畫畫，也習慣透過畫來表達自己的想法，便鼓勵她畫畫，後來她在國中、高中時常常參加畫展。讓她印象深刻的是，有一次老師跟她說：「妳媽媽的名字是 Sebrina 對吧？」她點頭驚訝的看著老師。「我是妳媽媽的數學老師，你們有同一張臉，但妳媽媽和同學總是不停在說話！」

小學遇到懂她的畫畫老師，並未讓她完全改變，她還是那個喜歡在畫畫裡找出口的孩子。一切的轉變在高中時期，她遇見一輩子的摯友，她的同班同學。大家總是希望她改變，別再害羞，摯友卻不是，「她只是接納我原來的樣子，就讓我非常有安全感，漸漸有自信，心房也慢慢打開，有勇氣展現自我。因為知道她永遠站在我這邊，支持著我。」所以，她和先生 Fabian 期許兩位孩子在未來能夠好好經營友情，朋友不用多，但一定要有支持、理解自己的摯友。

夢想，絕不放棄

母親 Sabrina，在 17 歲生下她。總是把「永不放棄」（Never give up）掛在嘴上，即使 17 歲有了孩子，她還是去上學，然後在一年後

結婚，那時柏林圍牆還在。在那年代，住在東柏林的女孩懷孕就得結婚這是當時的社會氛圍。母親並未因為有了孩子就放棄夢想，在 Annett 之後，短短四年內添了兩位兒子，她仍持續著熱愛的護士工作。「我媽媽很有活力，總是精力充沛，是很堅強的女性；爸爸高大強壯，但個性柔軟，話不多。」個性互補的雙親，在 Annett 十歲時分開了。

一直把母親的堅強看在眼裡的她，職業選擇和母親很相似。母親是護士，她是護理治療師，都是給予生命脆弱的人們，身體和心靈的照護，這份工作很不簡單，「我喜歡與人接觸。其實身心靈有殘疾與障礙的人，他們的心靈非常純粹。與他們相處，不是只有我在幫助他們，我也從他們身上獲得、感受到許多生命的意義。」她期許自己能像母親一樣，帶給孩子正面的影響，努力追尋夢想。

思想開明，接納新事物

「我們是沙發客（couch surfer），接受許多不同的人到我們家，學到非常多東西，當你跟人相處，會從他們身上獲得許多東西，這是一種溝通。」從內向害羞到現在開放表達的她，是透過一次次與不同國家的人相處接觸，這也是她和先生希望帶給孩子的體驗，夫妻倆希望孩子未來能擁有開明思想，不必有最棒的工作職業，但擁有開闊心胸，成為更好的人。Annett 認為，唯有接受他人，你才能瞭解對方，並從他們身上獲得知識。

AWO 歡迎世界各地的人，協助外國人解決在德國居住上的問題，透過交流，讓他們更快適應當地生活。但有些外國人還是會拒絕接受他們的協助，比如來自伊拉克的人，因為國家戰爭，僅是短暫居留，也可能因為政治關係，必須隱藏身分，不太願意交流。當天現場確實有一對從戰亂國家到德國尋求政治庇護的母女，Annett 特別要求我們不要拍攝到她們。「我的孩子在這裡交到許多朋友，今天女兒 Sofe 的朋友就要回國了，所以他們在庭院合照，互相道別。」

了解、接納自我，享受人生

　　夫妻倆對於孩子的教養理念是一致的，希望孩子成為思想開明的人，並擁有畢生難得的摯友。「我自己也覺得很不可思議，和 Fabian 的觀念居然如此相同。」而且更重要的是，他們之間相處沒有壓力，能夠接受對方的不同。「也許我們都是冷靜的人。我不希望他改變，他也是。身為他的伴侶，孩子的母親，就是去接受他們原來的樣子，同時告訴自己，不是什麼事都要照我的方法去做。」她期待孩子也能夠接納自己原本的樣子，不要害怕。

　　Annett 希望孩子了解自己，懂得如何生活，好好享受快樂童年。那如何教導他們怎麼做才能享受生活，如何才能展開雙臂擁抱萬物呢？第一步就是必須了解自己，知道自己想做什麼，然後主動追尋。第二步是擁有自己選擇生活，而不是被生活選擇的覺察力。能夠意識到，我想擁有怎樣的生活，而不是把工作錯認為生活，學習並不是為了獲得一份工作，不要有「我必須去工作」的想法，因為工作只是生活的一小部分。

　　檸檬蛋糕一出爐，滿室甜膩香氣，孩子們雀躍興奮，一人一大塊，剛出爐的蛋糕熱騰騰，吃起來特別美味、特別溫暖。小時候媽媽很忙，沒有和 Annett 一起做過料理。但她喜歡做菜，檸檬蛋糕是他們家常常做的甜點，有時自己做，有時孩子會幫忙，孩子愛吃甜的，這道蛋糕特別受歡迎。每週都會在 AWO 和大家一起做料理，而協會的人來自世界各地，所以 Annett 和孩子們常常吃到不同國家的料理，自然而然就把世界帶到生活裡了。

Family
recipe

檸檬磅蛋糕

材料

無鹽奶油　300g（室溫）

低筋麵粉　350g

砂糖　200g

全蛋　6 顆

檸檬　3 顆

糖粉　少許

泡打粉　5g

作法

1　烤箱預熱 10 分鐘。

2　烤盤塗上一層稍厚奶油，方便脫模。

3　全蛋和無鹽奶油的溫度要常溫，麵粉要過篩。2 顆檸檬榨汁，另一顆去檸檬皮。

4　無鹽奶油先打散，之後加入砂糖、檸檬汁拌均勻。拌均勻後，全蛋要分多次加入，避免油水分離。

5　全蛋都加進去後，攪拌到表面會亮亮的，再加入低筋麵粉拌勻到沒有麵粉顆粒，表面一樣亮亮的。

6　用刮刀把麵糊倒入塗上奶油的烤盤，送進烤箱，以 175℃ 烤 25 分鐘即可。

7　蛋糕出爐後，可依個人喜好撒上糖粉。

15

Follow
You
Heart

陪伴孩子，
誠實對話

Country. ——————————— City.
瑞士　　　　　　　　　　浪遊中

♟ Xavier　建築繪圖師／攝影師　37 歲
♟ Celine　登山嚮導／作家　35 歲
🧍 Nayla　4 歲　🧍 Newborn

「就算是大人也不完全瞭解世界上所有事情，有時孩子的理
解比我們還要好，尤其在情緒方面。孩子可以感受到情緒，
當大人有情緒時，如果告訴孩子『我還好』，你是在對她說
謊，同時在教導她欺騙自己。當孩子有情緒時，我們不知道
她的感受，所以要問孩子發生的過程，而不是對她的情緒反
應做更大的情緒反應，那你才是真的像孩子。我們不用教孩
子什麼事，我們應該和他們誠實對話，在我們有情緒的時候，
告訴孩子發生了什麼事，而不是裝做什麼事都沒有。」

—— Celine

　　身懷六甲的 Celine 騎著單車領在前頭，四歲
Nalya 裝備齊全騎著小單車跟著，Xavier 則騎拖著
Nalya 坐駕的單車壓陣出發前往到野炊的地點，跟
在他們一家後方，親眼看到全家出動的裝備，佩服
與羨慕之情再次湧現。來自瑞士的 Xavier 和 Celine
夫婦，從 2010 年起便從瑞士騎單車到地球的另一端
——紐西蘭。他們穿越歐亞大陸，拜訪無數個國家，
經歷各種極端氣候及沙漠、高原等地形，甚至也進
入戰亂頻繁的國家，即使初期懷著 Nalya，仍持續單

車之旅。到了 Celine 懷孕七個月時，他們飛到馬來西亞檳城，三個月後 Nayla 誕生，在檳城休息五個月後，買了單車旅行用的嬰兒推車，布置得非常舒適，又繼續出發。

他們帶著 Nayla 往北騎進泰國、柬埔寨，再往北穿越寮國進入中國雲南，到了廈門坐船到台灣，在 2014 年完成環島。之後在夏天抵達澳洲，穿越 1200 公里的納拉伯沙漠，在 2015 年 4 月終於抵達紐西蘭南島，環島一圈後，完成耗時五年的單車旅行計畫。Xavier & Celine 的路線在地球上看起來，是一個連結歐洲和亞洲的無窮大符號，他們稱為「∞無限之心」。2017 年春天，他們再度回到視為第二個家的台灣，與友人相聚，短暫停留後，再度前往檳城待產，迎接第二個孩子。當我們問第二個孩子出生後，還會繼續旅程嗎？夫妻倆的答案是肯定的，Xavier 理所當然說：「這已經不是旅程，而是我們的生活方式。」

我們好奇是什麼原因，讓夫妻倆開始這趟單車壯遊，最後成為他們的生活方式。本身是人類學家，又具有登山導遊資格的 Celine，一直對這世界充滿好奇，她說「好好探索、觀看這世界，認識更多朋友。」就是她開始浪遊的原因；而身為建築繪圖師，天生具有冒險靈魂的 Xavier，在一次自助旅行，認識一位單車環歐騎士，從那時開始便決定有一天必定要用這種方式探索世界。剛開始兩人只是志同道合，結伴完成這項計畫的同好，但在旅途中，意識到彼此就是對方的終身伴侶，決定共組家庭。他們很享受這樣的浪遊生活，「單車很優閒自在，可以停在我們想停的地方，而且相較其他環遊世界的方式便宜很多。」Celine 如此說道。

而六個月大就跟著父母一起遊歷世界的 Nayla，夫妻倆又是如何教養她的？面對不同文化、環境、語言與人民，他們是如何帶領這小小孩探索世界呢？

小孩能感受到各種情緒，陪伴她瞭解情緒

孩子的情緒來得快，去得也快。情緒來時，許多家長常常一籌莫展，碰到這個問題，他們認為引導孩子認識情緒是很重要的。Nayla 六個月大就跟著父母一起浪遊世界，二加一的旅途，是他們一起學習、一起探索、一起獲得的過程。Celine 說：「我們不是在教導她，而是協助她成為更好的人。」不教導的原因在於，與其把孩子限制在某個境地，不如讓她超越，因為世界有太多事物，父母也未必能夠好好教導孩子，因此從旁協助，用一起成長，一起找出答案的方式，陪伴著她。

當 Nayla 發脾氣時，並不會制止她哭泣、大叫，他們認為當孩子有情緒，其實在反映某個問題、擔憂某件事或是因無法表達而困擾著，所以他們會等待她情緒過去，陪她聊天，協助她釐清困擾她的是什麼事，瞭解現在的情緒是什麼。譬如有時帶她去見朋友，回家常帶回不同情緒，這些情緒不知道是如何發生？可能是太興奮，也可能受到驚嚇，讓她表現出不穩定的情緒反應，此時，與其對她吼叫，會等待，問她為什麼生氣？她會回答我們「不是，我不是生氣，我是難過。」這時她就會懂得，發生的那件事帶給她什麼情緒。

小孩不是問題製造者，而是問題傳達者

Nayla 出生後，夫妻倆透過各種管道尋找最適合他們需求的方式教養她。花較多時間傾聽孩子的想法，盡全力引導 Nayla 認識自己的內心，從而建立自信。兩人的教養態度大多一致，仍難免有歧異，即便如此，他們也清楚知道「對方這麼做都是為了 Nayla」，有了這樣的共識再針對歧異處多多溝通彼此的想法，比方，他們有各自的方法對待 Nayla，雙方便很有默契的不介入，讓各自和女兒把事情解決。他們必須找出解決方法，讓三個人關係達到和諧。

俗語說「有贏家，就有輸家」，Celine 認為，在他們家如果用上

這句話，就表示有兩個輸家。他們試著不體罰孩子，透過體罰來讓孩子聽話，看似大人贏了，但說到底全都是輸家。Celine 直言 Nayla 情緒不穩，或很難溝通時，通常表示「在某個地方，某個問題正在發生」，當她要做一件可能造成危險或不能做的事時，會先告訴她做此事的後果，所以她事前就知道結果，給她選擇的空間。譬如她不想洗澡，會問她「那妳想要吃飯前，還是吃飯後洗澡呢？」給她自己選擇，問題就不存在了。在他們的觀念裡，孩子絕對不是問題的本身，而是在反映某個問題，而那個問題是大人應該要協助孩子找出來的。

不要只說「不行」，要說「原因」

訪問前閱讀夫妻倆的網站，有一篇文章引起我們注意，就是 Nayla 誤食有毒植物。情況是當天 Nayla 想要一片大葉子，但手拿不住就用嘴巴咬，並不是她想吃，還好那植物只是不適合當食物，會讓嘴巴發麻，所以沒有太大問題。「那天 Nayla 有問一個路過的大人，可不可以？那個大人跟她說『這不是好主意，不要做。』」但如果他們會說「也許這不是好植物，妳不知道它是不是好的，所以不要放進嘴巴。」平常在教導孩子都會說明原因，解釋為什麼，但那天 Nayla 從大人那得到的答案，只有不行，沒有為什麼不能放進嘴巴的理由，所以她想也許放進嘴巴也沒關係。

如果只跟孩子說不要，而沒解釋為什麼，她可能會試著去做，但其實任何人都會如此，Celine 舉例，請我們現在「不要去想有著黃色斑點的大長頸鹿」會如何？沒錯，我們的腦袋正在想著長頸鹿！

「這就證明，即使我們告訴自己不要去想某件事，但我們就是會去想。但慶幸的是我們已經是成年人，知道可以去想，但不要去做。」但對小孩而言，跟他們說「不要做」，他們當然會去做。絕對不要說不，因為小孩會去做，每個人都會去做。想想長頸鹿，大家就懂了。

浪遊生活，一家人幾乎是以天地為家，不論是下雪、酷熱沙漠，

各種極端氣候都面對過，所以當我們問起推薦台灣家長可以帶孩子去的地方時，他們毫不猶豫說「戶外」。就像今天一家三口，在公園樹蔭下舖張野餐墊，架上露營用的爐子，夫妻倆準備食材時，Nayla 到處走，在湖邊看鴨子，在樹下撿葉子，在花叢找昆蟲，有新發現就迫不及待的跑回父母身邊述說著。「當我們在戶外，根本不需要玩具，Nayla 總是會找到玩的方法。」Nayla 一、兩歲時，會跟在身邊看著，三歲開始慢慢放手，讓她自己探索，他們認為不讓孩子嘗試自己玩，你永遠不知道他是不是可以。也許有些家長會覺得「你坐在那什麼都沒做！」但 Celine 說「錯，你坐在那，是告訴孩子你相信他。」這對孩子是多大的支持力量。

Family
recipe

雞肉咖哩黎麥飯

材料

雞胸肉　400g
嫩竹筍　1 支
洋蔥　1 顆
番茄　3 顆
綠花椰菜　1 顆
白米　1.5 杯
紅黎麥　50g
咖哩粉　20-30g
義式香料　適量
鹽　少許

作法

1　加了紅黎麥的米粒放進壓力鍋，先稍微煮滾後，確實蓋好鍋蓋
　　悶煮，很快就可以吃飯，省時又省錢。

2　在等黎麥煮熟時，準備咖哩。先清洗綠花椰菜，切成一口大小，

3　花椰菜放入滾水川燙 2 分鐘，撈起放涼，備用。

4　清洗番茄，切成一口大小，備用。

5　雞胸肉切塊，備用；竹筍切片，約 0.3cm，備用；洋蔥切粗絲，
　　備用。

6　起熱鍋，加入 1 大匙油（約 15g），洋蔥、竹筍放入炒熟，再加
　　入雞胸肉一起拌炒至雞肉半熟。

7　加入咖哩粉、義式香料、鹽，和鍋內食材一起拌炒至食材上色，
　　香氣飄出，最後加 1 小杯水（約 50ml）蓋上鍋蓋，小火悶煮
　　10-15 分鐘。

8　將黎麥飯淋上雞肉咖哩，放上綠花椰菜、番茄，一道快速又美
　　味的野餐料理就完成了。

blib
gwondenig

Stay curious.

Iris

探索世界，
永遠保持好奇心

Country. ——————————— City.
瑞士　　　　　　　　琉森

👤 Claudio 工程師 40 歲
👤 Iris 採購 39 歲
🧍 5 歲

「我跟家人一起旅行，體驗過不同國家，接觸過許多家庭，有些人並不是很幸運可以住在很好的國家，但他們依然尊重不同意見……父母對我的教養重點就是『尊重』。不論是小時候和爸媽一起旅行，或是成家後隨著先生移居不同國家，旅行帶給我很多東西，不論是當地的文化或人民，我希望孩子能夠擁有開放的心態，去接納、尊重不同意見，並好好體驗這世界。」── Iris

　　波光粼粼的湖畔，穿著藍白泳褲有著灰白髮色的老先生腰桿直挺站在風帆船上，手握長槳緩慢左一下、右一下劃破水面；綠草如茵的公園，穿著彰顯特色泳裝泳褲的老老少少錯落躺著，霸占公園所有樹蔭的清涼。全身光溜溜的孩童嘻鬧地從我們面前跑過，無懼地躍入琉森湖（Lake Lucerne），完全不把湖邊的天鵝與水鳥放在眼裡，人和動物和諧共享消暑湖水，也為這座湖添上風景。這一天是週四，雖說是平日，但湖裡和湖畔公園有許多當地人享受夏日陽光，陪著我們散步的 Iris 說：「夏天對我們很重要，很多家長會請長假陪伴孩子過暑假，不是安排旅行，就是跟孩子一起休息、玩耍。」
　　在歐洲，夏季就是眾人大遷徙的季節，家家戶戶都在度假，不是遠渡重洋，就是去度假小屋（Summer

House）。也因此，走在琉森湖畔小徑上，可以聽到不同國家的語言，法語、西語、德語、義語，甚至是中文。離我們有段距離騎著滑板車的 Chanel 回頭大喊「我要先去前面囉！」戴著粉紅色安全帽的身影越來越小消失在轉彎處，原本和我們聊著天的 Iris 立刻邁開步伐往前追去。當我們趕上時，只見 Iris 彎身對 Chanel 低語幾句，Chanel 點點頭繼續往前滑，偶爾停下來採摘路邊花朵，蹲下身撿拾掉落路旁的葉子，不知是否是刻意的，距離就一直保持著我們看得見她，她也看得見我們。

Iris 從孩提時期就因為父母關係遊歷許多國家，婚前婚後一心追求事業發展，活躍於職場，卻在女兒出生後選擇成為全職媽媽，又因為先生 Claudio 工作關係，先後遷居紐約和台北。從女兒出生至今，在不同國家、城市、文化中教養孩子，開朗樂觀、喜愛旅行的 Iris 和 Claudio，是如何教養女兒的呢？

這樣的堅持值得嗎？

孩子的個性父母最清楚。有著頑強意志的 Chanel，讓她們母女倆經常討論事情應該如何做？用誰的方法做？當然有時候也無法有共識，兩人情緒都很激動，此時，她們會先讓自己冷靜，之後再討論。「常常我已經盤算規畫好，今天要做 A，再做 B……但 Chanel 卻要先做 C！尤其是什麼時候去學校這件事！她常會堅持某個時間才要到學校。完全超出我計畫範圍。但我會想沒關係，就放輕鬆吧！什麼時候做什麼事，或者幾點去學校，也不是那麼重要。」

Iris 認為在教養孩子過程中每位家長都會有個目標，但出現和孩子意見相左時，必須問問自己，為了這個目標，這樣的堅持值得嗎？畢竟家長是家長，孩子是孩子，我們有我們的方法，孩子卻有他們想要的，大人與小孩在處理事情的方法和邏輯必定會有不同。時常停下來，想想我們一定要照我們的方法嗎？為了這個目標付出這樣的代價值得嗎？難道不能用孩子的方法試看看嗎？

blib
gwandeni

孩子專屬的玩耍時間和空間

Iris 知道台灣有許多各式各樣的課後班，甚至幼兒園也有許多才藝課程，她覺得很不可思議，但也能理解這是台灣的普遍現象。當我們問到會怎麼規畫孩子的課後時間，「在瑞士，我們（家長）不會規畫孩子的課後時間！」幼兒園下課後，孩子會去找朋友玩，輪流去敲對方家的門問「你在家嗎？可以跟我玩嗎？」孩子會騎單車或滑板車，去附近公園找玩伴，在瑞士這是普遍現象。

瑞士許多家長會幫孩子創造自我的時間，讓他們自己玩耍，而不是把他們的時間全都規畫安排好。當然會有一些生活時間表，比如上床睡覺、吃飯洗澡……但基本會留給孩子與自己相處的時間。更棒的是，在瑞士如果不是住在大城市，而是住在城鎮社區，生活環境對孩子非常友善，孩子可以獨自出門，去找朋友，或去公園玩。

擁有美好快樂的童年

許多台灣家長會因為孩子進入求學階段，為了幫助他們適應新環境開始調整生活時刻表，除了最基本的作息外，還會安排課後活動，譬如課後安親、才藝課、語言學習、潛能開發等。即使回到瑞士 Chanel 進入幼兒園就讀，夫妻倆的教養價值還是不變，在學校能好好遵守學校生活規範與禮節，下課後盡情玩耍。玩耍在這年紀比學習更重要，不必時時刻刻都在學習，希望她享受孩子獨一無二，快樂的童年時光。

認同「學習並非只在學校教育，而是體現在生活裡」此觀念，但落實的人有多少呢？ Iris 雙親就是透過一次又一次的旅行，讓她遇見不同的人，體驗不同的文化，進而理解互相尊重的重要，所以他們也帶 Chanel 到處旅行，去發掘、感受這個世界，來豐富她的童年。

英文學習持續下去

　　瑞士全國面積只有四萬多平方公里，人口 700 多萬，卻有德法義和列支羅曼語四種官方語言，在這樣的背景下，瑞士是名副其實的「多民族聚居的國家」。Iris 一家人居住的琉森位於德語區，一家人溝通當然是用德語，但對語言感興趣的 Iris 不止會說德語，法語、英語也難不倒她。移居台灣時女兒三歲，很幸運因為台灣學制關係可以上幼兒園，夫妻倆特別選擇全美語幼兒園，而非歐洲學校幼兒園，就是希望女兒能夠多點時間接觸、學習英語，並在沒有父母幫助下，與不同年齡、國籍的孩子玩在一起，建立起自己的小小社交圈，這對身為獨子的她來說非常重要。一口流利英文讓 Iris 和 Claudio 能夠體驗不同的文化，認識來自世界各地的人，這些美好、特別的經驗夫妻倆期許 Chanel 也能夠擁有。

找到自己想做的事

　　具備國際觀，對任何事都採開放積極態度的 Iris，期許 Chanel 能夠擁有開闊的胸襟，所以夫妻倆帶著她到處旅行，體驗、親近不同文化和種族，嘗試各式各樣的活動，把旅行變成一種生活，而生活就是一趟身歷其境的學習。在這些旅程裡，讓 Chanel 找到屬於自己對應世界的態度，與自己做事的方法，在遇到問題、困難時，都可以找到方法解決。Iris 最擔心孩子在未來不知道自己想做什麼，所以他們就像人生旅程裡的導遊，在女兒好奇心最旺盛的年紀，帶著她去探索任何可能的未來之路，但不會限制她，希望她能找到自己的方法，去努力完成自己人生想做的事。送給女兒祝福的話語「永遠保持好奇心」，讓我們想起愛因斯坦說過的，「我沒有特別的才能，只有強烈的好奇心。永遠保持好奇心的人是永遠進步的人。」

8 | 杏桃是歐洲夏季盛
產的水果之一，在此是
用新鮮杏桃，但在台灣
杏桃不常見，可以至超
市購買杏桃罐頭。

杏桃派

Family recipe

材料

原味塔皮 8 吋　1 個

內餡

杏桃[8]　8-10 顆
蛋黃　3-4 個（約 40g）
細砂糖　40g
無鹽奶油　30g
鮮奶油　70g
檸檬汁　10ml
低筋麵粉　50g
蛋白　60g
細砂糖　20g

作法

1　奶油置於室溫軟化，備用。
2　蛋黃、糖攪拌至糖融化，顏色變白。
3　軟化的奶油倒入步驟 2 拌勻，接著慢慢加入鮮奶油拌勻，再加入檸檬汁拌勻，最後加入低筋麵粉攪拌均勻，蛋奶糊即完成。
4　蛋白稍微打發，分次加入細砂糖打至乾性發泡，倒入蛋奶糊中拌勻。
5　塔皮放入塔模內，並用叉子在塔皮上戳出密密的小洞。（用叉子戳洞，是在烘烤時讓裡面空氣出來，塔皮才不會變形）
6　塔皮內排入切成塊狀的杏桃塊，倒入內餡刮平，放入烤箱。
7　溫度上火 180℃／下火 200℃ 烤約 15 分鐘後取出，擺上其餘的杏桃，再進烤箱烤約 15 分鐘，直到上色，觸摸餡料出現彈性即可。

探索世界，永遠保持好奇心　211

Place
to go

瑞士琉森湖

Luzern, Switzerland

　　瑞士境內大小湖泊有四千多個，美麗的湖光山色帶動
旅遊業。我們造訪的琉森湖（Luzern Lake）位於瑞士領
土中央，湖泊面積大約 115.2km²，是瑞士境內第五大湖
泊，四周有知名的山嶺勝地里基山（Rigi Mountain）、皮
拉圖斯山（Pilatus Mountain）左右環抱，形狀非常不規
則，也是瑞士風景最豐富的湖泊。而依傍著湖泊的琉森市
（Luzern），則有「湖畔巴黎」美稱。

　　友人 Iris 把車停在琉森湖畔的瑞士交通博物館前，這個
交通博物館是歐洲最大，內容最廣泛的移動設備博物館。
參觀館內需要購買門票，原價是 30CHF（瑞士法郎），
因為沒有帶著孩子一起，就沒有入內參觀，但 iris 說，館
內有一架真正的飛機，還有很厲害的飛行模擬器，孩子
可以彷彿走入真的駕駛艙，體驗開飛機的樂趣。另外，
瑞士的火車很厲害，館內的鐵路博物館面積最大，展覽
品也最多。

　夏季的琉森湖，好像只有兩種人，一種是在湖畔草地上曬著日光浴，另一種就是在湖裡與天鵝、野鴨戲水的人。為什麼有這種感覺，因為繞著湖畔的小徑走到卡貝爾橋（Kapellbrücke）之前，像我們這樣散步的人真的很少，不論老小大家都穿著泳裝，一個個往湖裡走去。我們好像異數，但舒適氣候，壯闊山景，湖水波光粼粼，才不在乎自己為什麼沒穿著泳裝，跟著一起下水、曬太陽。

　琉森湖畔的公園，一年四季都是免費的，但也有收費區，該區特別以鐵網圍起，鐵網後可看見沙灘排球場、遊樂場等設施，也可以進入琉森湖玩水。如果介意孩子戲水後的身體清潔或在草地上打滾弄得一身髒，可以考慮付費場地，只有付費場地提供盥洗服務，免費的場地則無。

Luzern Lake

📍 Luzern, Switzerland
🕐 全年無休

Live your dream.

Läb

dini

Träum!

Jasmin

活出你的夢想！

Country. ——————————— City.
瑞士　　　　　　　　琉森

👤 Marco　房地產代理商　40 歲
👤 Jasmin　護理師　38 歲
🧍5 歲半　🧍3 歲半

「我們不是幸福的家庭，在我十歲時父母離異，但他們依然是朋友，為了我一起合作，提供任何我需要的東西。我從他們身上學到，即使不相愛，沒有婚姻關係，還能朝同一個『目標』努力前進，而我父母共同目標便是給我最好的生活。如果當初他們沒有小孩，也許就各走各的路，但他們沒有，一切都是為了我，我覺得這很棒。即使不是大家所謂的幸福家庭，因為他們的付出，我依然感受到滿滿的愛。」—— Jasmin

　　Jasmin 住在瑞士德語區，在醫院小兒科擔任護理師，與從事房地產事業的 Marco 結褵多年，育有一對美麗、健康、活潑的兒女，大女兒五歲，小兒子三歲半。我們到訪時間在週間近午時，Marco 已經去上班，而 Jasmin 因為瑞士育兒政策，一星期只需上班兩天，我們因此幸運地認識這可愛的一家人。兩位孩子嘻笑聲迴盪整個空間，相互追逐的小身影，金色髮梢飛揚像極燦爛陽光，閃閃發亮。

　　瑞士夏季日間氣溫約在 18℃ 到 28℃ 之間，怡人舒適，這都要歸功於境內四千多個大大小小的湖泊，帶來豐富水氣，有助於調節溫度，也因水氣充沛常有午後雷陣雨。夏日陽光在中、北歐是很珍貴的，本想在陽台做料理，恣意享受難得的陽光，但想到正午的炎熱陽光於是作罷！ Jasmin 招呼著在陽台玩

耍的孩子進廚房，孩子們聽到要開始做料理，興奮的大聲歡呼，因為表演時間到了，之前媽媽和阿姨們忙著聊天，讓他們等得有點久。

沒關係，每個人都有自己的喜好

瑞士人很習慣在午餐或晚餐吃冷食，標準的冷食就是生火腿（Prosciutto）、起司，配上麵包，準備起來很輕鬆優雅，加上在瑞士準備晚餐並非全靠老婆，老公進廚房很稀鬆平常，無疑的這讓忙碌整天的全職媽媽有更好的心情與家人共進晚餐。Jasmin 和孩子們一起做的「培根西洋梨佐芥末奶油烤土司」，不是冷食，但準備起來像冷食一樣簡單快速，卻又熱呼呼的。

小姊弟圓潤的小手將培根捲在剖半的西洋梨上，再放上抹了奶油芥末醬的土司，當他們開心表示培根捲完了，看著烤盤上的半成品，我們發現一顆西洋梨光滑滑地躺在土司上，好奇詢問，Jasmin 用德語告訴女兒，一聽完媽媽的話，她害羞地看著我們微笑，「女兒不喜歡吃培根，所以那一份是她的！」面對孩子不吃的食物，在嘗試過後，如果真的不喜歡沒關係，還有其他替代食物，但 Jasmin 會希望孩子至少嘗試過再決定喜不喜歡。

體諒帶來對「不同」的理解

「養兒方知父母恩」是許多成為父母的人常說的一句話，但對於 Jasmin 而言，她是養兒方知父母「心」，這個心，不僅是對自己雙親，還有對全天下父母。Jasmin 說成為母親後最大的改變就是懂得同理與體諒病童父母與家屬的心情，因為職業關係，每天要面對生病的孩子與家長，當然還有令人鼻酸難過的情節，但她往往無法真正同理體諒病童父母心情，但有了女兒後，一切都改觀，只要想像女兒住院，就讓她寢食難安、焦慮惶恐，有了孩子讓她懂得什麼是真正的「體諒」。

這個改變讓 Jasmin 教養兩個孩子，與先生意見相佐時，能夠站在對方立場想，事情發生當下，不干涉且支持對方的作法，事後當孩子不在時，再討論這樣的方法適合嗎？有沒有更好的處理方式。畢竟現在的孩子很聰明，知道和爸爸相處，與媽媽是不同的，但 Jasmin 認為夫妻教養的大方向還是要一致，但爸爸有爸爸的方法，媽媽有媽媽的。「如果爸爸和媽媽一模一樣，那就一點也不好玩！」Jasmin 說總要讓孩子有開小差的時候。

界線與界限，來自孩子的挑戰

提到教養孩子碰到的困難，最讓他們傷腦筋的就是孩子總是不斷測試自己能力界限與父母底限。尤其五歲女兒活潑好動，好奇心強，喜愛提問，正是心理發展最迅速的階段；而三歲兒子正處在四肢發展期，需要透過許多肢體活動來幫助手腳力量以及協調性的建立，面對發展階段不同的兩個孩子，唯一相同的就是無窮的體力。

他們爬高爬低、跳上跳下展現體力，與人互動，扮演不同角色，從過程中習得與人相處的態度界線。生活裡發生的無數大小事都是孩子的學習過程，同時也意謂著挑戰她和丈夫的底限。「他們一定要這樣，孩子要找到他們的方法和路，所以會去嘗試，試試看界線與界限在哪？這對他們很重要！」夫妻倆認為讓孩子盡量嘗試是非常重要的，然後過程中適時讓孩子明瞭家庭與父母的底限。

玩樂是孩子建立社交網絡的機會

Jasmin 說，「讓孩子去找朋友玩，這是他們在沒有父母的幫助下，自己建立社交網絡的機會。」但在台灣讓孩子自己出門找朋友玩的家長越來越少，而在遊樂場更是處處可見家長亦步亦趨跟在孩子身旁，也有兩、三個大人盯著一位孩子的情況，總是擔心摔著、碰著，或是遇到不懷好意的大人或孩子，全程警戒，在遊樂場最常聽見的

就是警告或提醒的話語「不要跑那麼快」、「不要爬那麼高」、「停下來！」、「小心跌倒！」鼓勵稱讚的話倒是很少聽到。

在瑞士的遊樂場，孩子們獨自跑來跑去，一個人玩耍，或三三兩兩互相追逐，還有家長一個人帶著三、四個孩子，一到遊樂場孩子們就像脫韁野馬，奔向自己喜愛的設施，而家長們就優閒地坐在一旁長椅上聊天、看書，有的更是躺在稍遠的草坪上曬太陽，偶見家長陪同，多是陪伴步伐蹣跚的幼童。Jasmin 認為玩樂時間對孩子非常重要，孩子可以透過遊戲獲得許多寶貴經驗，有助於身體機能、協調性的發展，過程中還能學習如何與自己相處，自我滿足，初步建立社交技巧，大人應該放手，盡量不要介入，讓孩子獨立完成。

勇敢挑戰，活出你的夢想

回憶雙親對她的教養重點，在於決定要做的事就「盡最大努力去做！」（Do your best.）對於她想做的事，雙親相信她有能力做得到，以正向態度鼓勵她盡全力去做，就算結果不如預期，也沒關係，因為已經盡力，日後回想起來也沒有遺憾。雙親就是希望她追求自己的夢想，不要留下任何遺憾。

人能夠過著自己夢想的生活，堪稱是世上最幸福的事。Jasmin 對於孩子未來的期許是他們能夠成為獨立自主、勇敢無懼的人，活出自己的夢想，面對任何事都無所畏懼，用自己的方式處理，更重要的是盡力去做，不留遺憾，就像當初父母對她的信任一樣。

訪問剛開始時，當我們問到原生家庭與父母對她的教養態為何？Jasmin 第一句話就說「我們不是幸福家庭！」這句話觸動身為母親的我們，深感原生家庭對孩子的影響真是非常深遠。一般人對幸福家庭的觀念就是屋子裡住著「爸爸、媽媽、孩子」彷彿完美黃金三角，缺一不可。與她聊過後，我們不禁思考也許幸福家庭不應該局限於住在同一屋簷下的形式化存在，而應該將它重新定義，幸福家庭是三個心在一起，互相尊重、體諒，用行動、言語把愛表現出來。

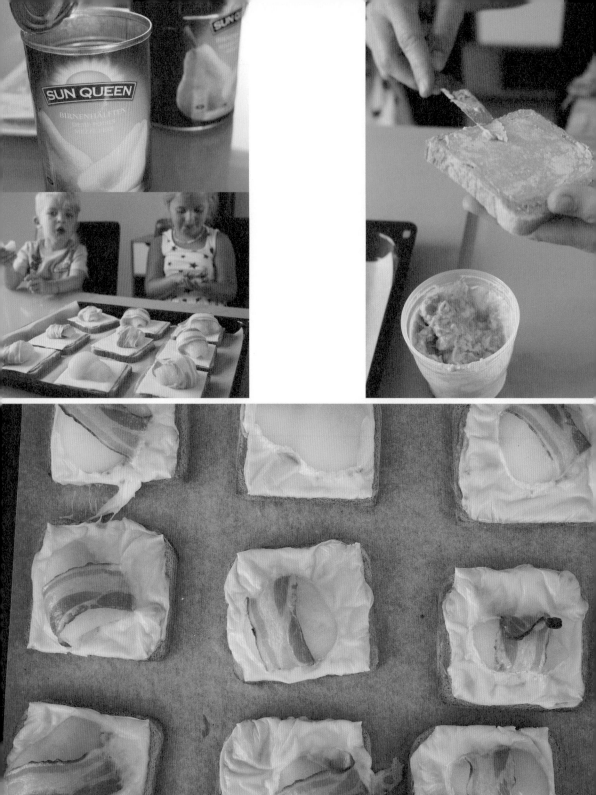

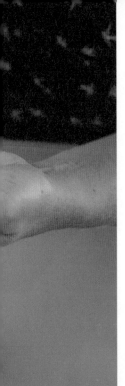

Family
recipe

培根西洋梨
佐芥末奶油烤土司

材料 (6 人份)

西洋梨罐頭　1 罐
培根　8-9 片
起司片　8-9 片
土司　8-9 片

芥末奶油抹醬

黃芥末(無顆粒)　約 40-50g
奶油　約 10-15g

作法

1. 烤箱調至 160℃，預熱 10 分鐘。
2. 黃芥末、奶油均勻混合，做成黃芥末奶油抹醬，比例約 3：1。
3. 土司均勻塗抹黃芥末奶油醬，放上一片起司片。
4. 取出罐頭西洋梨，盡量瀝乾湯汁，取一條培根圈捲西洋梨。培根依個人喜好添加。
5. 捲上培根的西洋梨放在步驟 3 的土司上，送進烤箱烘烤 5-8 分鐘便完成。

18

MIRAR SIEMPRE LA
PARTE POSITIVA
DE LAS COSAS

Always look at the positive
side of things.

JOY

ALEGRIA NÚRIA.V.
ELOI.B.

陽光灑進，
向陽處的家

文 Bianco

Country. ——————————— City.
西班牙　　　　　　　　格拉諾列斯

👤 Eloi Burriel　環境工程師　38 歲
👤 Núria Vila　平面設計師　38 歲
🧒 Oriol　4 歲　👶 Ona　2 歲

「陽光不是不在，只是要你換個方向。這樣就不會有過不去的關卡。」—— Núria Vila

晚上九點，我們走過 PASSEIG DE SANT JOAN 街上的帶狀公園，和西班牙友人擠進如東京地鐵滿出來的 Tapas 喝酒。嘴裡是灑了 Paprika 的水煮章魚（Pulpo a la Gallega），聊著繞過半個地球的親子訪談計畫。沒有開冷氣的盛夏，窩在這裡就像條沒擰乾的毛巾滴著水，想著台北不過幾平方就開了三台冷氣的家，朋友笑說，地球暖化都是我們害的。

悶熱和著單字拼成的英語，談笑過了 12 點灰姑娘的大鐘，才因為明日的訪談不得不離開。我不習慣親臉頰，只好故意用擁抱收尾。友人指著那裡，要我們沿著石頭小巷走回飯店，「路上都是人，不用擔心！」夜晚的顏色被街燈閃閃照亮成泛紫，彷彿地上才是星空，與靠在外牆斜腿抽菸的三倆人群一起夜聲鼎沸，這裡是巴塞隆納。

隔日，跳上開往東北方的火車，離開夜晚比白日更猖狂的市中心，來到格拉諾列斯（Granollers）訪問 Núria 家的兩大兩小。短短不到 30 分鐘的車程就

到了另一次元。空蕩的街道，車與空氣都像停止在路上的玩具。身邊經過的孩子，張大眼睛看著黃皮膚的我們，好像我們來自火星。

打開 google 地圖，但強烈日光讓手機螢幕幾乎變成黑色，我們是落單的兩隻螞蟻，和自己的影子在真空玻璃球裡被太陽烤著。如果不是和兒子在陽台澆水的 Eloi 叫住我們，或許還會繼續迷路。抬頭望向露臺，太陽好刺眼，於是用手擋了一下。他拿著澆花瓶朝我們大喊「Bianco 嗎？」，向我們招著手。

進到他們獨棟三層樓的房子裡，是氣泡水，若沒有打開瓶蓋走進去，絕對不會知道裡面竟暗藏磅礡生機！白色、光線與空氣在用心布置的樓中樓間竄動，還有綠色植物點綴，和剛剛外頭厚重的炙熱氛圍大不相同，充滿生命力。四歲的 Oriol 講著聽不懂的西班牙語，跳著帶我們參觀他的房間、最喜歡種著果樹的陽台、媽媽 Núria 的工作室、爸爸的電腦桌。每個人都有他在家裡自己的位置，包括兩歲翹著髮尾的妹妹 Ona，都呀呀笑著想要鑽進地上的一紙大箱子裡。

心之所在，是家

看著牆上布置的照片，我們端倪許久。除了曬娃，還有鄉下家裡的農場、帶著叔叔手作面具親吻的結婚照，以及其他家人的照片。和台灣從前的四合院很像，親戚都住在一起。雖然吵雜，但那種親密感伴隨著他們長大。

Eloi 童年身邊無時圍繞著叔伯堂姊弟，每天放學書包丟著就結伴在自家游泳池玩水、騎腳踏車或是捉弄動物，算是被自然養大的孩子，和農田野草十分親近，這也是他選擇當環境工程師的原因。

原本有拿到條件優渥的正職工作，但 Eloi 想著如果因為賺錢而全心花在工作上，忽略了孩子的成長，那也不是他想要的。「現在小孩需要我們，我們就該陪在身邊，家庭關係對我來說比賺錢更重要。」於是，順著心的方向，決定與身為平面設計師的老婆 Núria 一起在家工作，用自由接案的方式生活。說到這裡，Núria 指著電燈開

關旁的一張貼紙，這是她把老公節能的概念變成設計，是兩人一起合作推出的系列作品。他們想辦法用環保且自由的方式，落實在工作與生活上。甚至為設計案，特別找到環保油墨或易分解的紙張。雖然收入沒有公司職員穩定，但可以陪著小孩一起長大。也因為這樣的關係，才居住到離市中心有一段距離的小鎮，用比較少的錢住大一點的房子，生活品質顧好，孩子玩耍起來也比蛋黃區放心一些。「只要用心做點改變，兼顧工作與孩子這難題，是絕對可以辦到的。」

小孩在家裡沒有一天不是吵吵鬧鬧，但還是十分享受與孩子的相處，覺得這就是現階段該有的生活樣貌，樂在其中。什麼時候，什麼身分，就做什麼事。但，在陪伴孩子的同時，也沒有忘記自己原來的樣子。

「常常在和朋友的聚會裡，大家總是只談論自己的小孩。那自己呢？好像都忘了自己是誰？甚至老公也忘了老婆原來的樣子了！如果我們就只是小孩的爸媽而已，這是非常可惜的事。」

就像蹺蹺板，在家庭關係裡，我們不只身為爸媽，也該保留自己。

當然會因為孩子放棄喜歡的某些活動，沒辦法像單身時瀟灑的去印度自助旅行或是辦轟趴，但很堅持和老公輪流享有放空的時間。Núria 會去跳熱愛的非洲舞，而 Eloi 則會和朋友踢場足球喝個啤酒。「放棄一些，但別全部丟掉。」無時無刻把自己繃緊的話，不但自己會消失如人魚泡沫，也不是伴侶認識的自己了，這樣很容易失去感覺，只剩下柴米油鹽。

家庭的組成，不是只有親子關係，也有伴侶關係。請和小孩分一半的自己就好。如果自己不快樂，伴侶也會滿是壓力，這樣小孩就更不會開心。穩定的基石或許和家庭教育同等重要。

巧妙的平衡，也落實在小孩的教養態度上

Núria 提到不要以為西班牙的學校都很鬆散自由，其實每個國家都一樣，有各種父母。身邊也有很多朋友把孩子丟到強調課業的私立

學校，從幼稚園就開始練習寫字，一堆作業。或是有很多連踢個足球，都戰戰兢兢要把小孩操到王牌的爸爸。踢踢球當運動或遊戲可以，但如果只是一味的比較和看重結果，讓競爭超過樂趣那就本末倒置！現在 Oriol 和 Ona 年紀還小，在幼稚園階段選擇的是大量玩樂的學校，希望他們能開心，從玩裡面「培養」出興趣，這樣就夠了！用綠手指，每次往裡頭澆一點點水就好，不要太多。

請記得面向陽光

Always look on the bright side of life.

Eloi 說自己和老婆都是樂觀的人，所以積極是家裡很重要的態度。「有問題，就會有解決的辦法，不要放棄。」要栽種出健康的樹，陽光很重要，雖然有光就會有影子，但記得面對向陽的地方，

桌上一個裝有半杯水的杯子，有人說只剩半杯，有人卻說還有半杯水耶！單單心態上的不同，卻可以讓事情往不同方向走。希望小孩可以永遠看到事情的積極面。即使有挫折，也要面對、解決，不要逃避。「陽光不是不在，只是要你換個方向。這樣就不會有過不去的關卡。」

連植物都知道要張開葉片，讓自己利用陽光行光合作用。雖然兩個孩子都還小，但希望他們永遠記得有家人可以分享。夫妻倆會坦誠自己的感覺，甚至是對小孩，睡前都會聊聊天。希望孩子即使到了成家立業的年紀，都還可以和自己談心擁抱，「張開自己，家人就是太陽。」

二樓露台，種滿了高高低低的植物，仔細看竟然還有太陽能發電板。Núria 用手機播放了喜歡的非洲舞曲輕輕搖擺，兒子女兒就同她一起手舞足蹈起來。Eloi 拿著水管故意灑水打著拍子，水珠在陽光照耀下，也閃耀著一起跳舞。

在我們面前的這家人，和此時斜斜灑在天台木地板上的陽光一樣，暖暖的。

西班牙烘蛋（Tortilla de patatas）和番
茄醬汁麵包是小時候家裡常吃的傳統
料理，用烘蛋配著法國麵包塗番茄醬
汁吃，才不會覺得麵包太乾噢！

TORTILLA
DE PATATAS

5 PATATOES

6 EGGS

OL

SALT

1 ONION

Family recipe

家傳西班牙烘蛋

材料

洋蔥　1 顆
蛋　6 顆
馬鈴薯　5 顆
鹽巴　適量
橄欖油　適量

作法

1 馬鈴薯削皮,洗一洗晾乾。
2 馬鈴薯切薄片後,用橄欖油煎焦黃,倒進大碗公裡。
3 洋蔥切絲,放到鍋子裡煎到金黃,倒進剛剛裝馬鈴薯的大碗公混合,待涼。
4 另拿一個碗打蛋,攪拌均勻後倒進大碗公裡和洋蔥、馬鈴薯輕輕攪拌混合,再加點鹽。
5 取一深煎鍋倒點橄欖油,微微熱鍋後倒進步驟 4。
6 用中大火煎約 4 分鐘,拿大盤子小心反扣,倒出烘蛋。這裡請先看看蛋有沒有凝固,如果還沒,就繼續再煎一下。
7 反面再煎 4 分鐘,即可上桌。

Family
recipe

番茄醬汁麵包

材料

法國麵包　1 條
番茄　2-3 顆
初榨橄欖油　適量
鹽巴　適量

作法

1　麵包切片。
2　番茄洗淨，切半。並直接塗在麵包上。
3　淋上初榨橄欖油，並撒上鹽巴。
4　和烘蛋一起享用吧！ Bon profit!!!

vend
aldrig ryggen
til eventyr!

Never turn your back on adventure.

Sabrina Boustier

Vær
Kunstnerisk

Be artistic.

Rasmus Boustier

灌溉孩子，
讓他們
長成自己的樣子

Country. ——————————— City.
丹麥　　　　　　　　　　　哥本哈根

👤 Rasmus　教師　35 歲
👤 Sebrina　教師兼插畫家　38 歲
👶 8 歲　👶 5 歲

「在我九歲的時候，母親腦部病變無法再照顧我們，我和兄弟姊妹被帶到兒童之家，但我永遠記得她說的話。母親告訴我，身而為人的第一信條是動物優先，再來是小孩，最後才是成人！我們應該先照顧動物、然後孩子，最後才是成人，在這樣的秩序裡，動物，我不太了解，也無法與牠們溝通，更無法感應到牠們；孩子，我愛孩子，每個孩子都很聰明，他們是哲學家，對於問題總是有很棒的答案；成人，我對他們也沒有特別感覺，所以我選擇當老師，照顧孩子。

　　母親還告訴我，人誕生於這世界，就已經是完整個體，身為教育者或家長，第一個規則就是——你不能改變一個人。如果你試圖改變一個人，就像是罪犯犯罪一樣，對那人的傷害非常深，最終會毀掉你想改變的那個人。面對孩子，不管他們說什麼、做什麼，這是他們自己的責任，你能做的是幫助、傾聽，並做他們的後盾。如果他們來請求你的幫助，你就幫助他，但要讓他們自己改變。」——Sebrina

Sebrina 和 Ramus 在哥本哈根擔任小學教職，不只以父母身分和我們分享教養孩子的態度，也以教師的專業分享教育孩子時，碰到的問題。身兼插畫家的 Sebrina 在學校教導美術、丹麥文學、宗教信仰科目；出身老師家庭的 Ramus 在特教學校帶領自閉症（Autism）的大孩子（約七－九年級），授課科目有科學、丹麥語、文學、歷史。當我們聊到台灣小學教育普遍仍以考試來判斷孩子是否學習良好時，

他們也表示近年丹麥政府教育政策也略有改變，希望學校給予孩子多點測驗或考試。年輕一代的教師並不樂見此現況，認為原有的教學方式，帶領孩子走入大自然，以五感親身體驗學習比坐在教室考試來得更重要。

「測驗、考試，就好像把文學、思想硬生生放進他們腦袋，這麼做的用意僅僅是讓孩子變得有競爭力，那其實是在摧毀孩子。孩子就像動物一樣，必須透過五感去體會什麼是危險、美好……這是存在這世上人類的生物本能。」Sebrina 舉例，雨後現身的蝸牛，每個孩子都會把牠撿起來，摸摸看，聞聞看，然後問「這是什麼黏黏的？」他們腦袋正在想這件事。有一天下雨了，孩子說「好奇怪，為什麼到處都在下雨？」他們開始思考、串連、推敲，原來蝸牛身上的黏液需要水，水來自雨，所以下雨天，蝸牛就跑出來了。孩子自己教會自己，教育不是只有在教室裡，教育存在於任何地方。

擁有一對個性迥異的兒女，他們直言兩個孩子雖然是他們的混合體，但同時也是完全不同的完整個體，從幼兒時期就看得出來，女兒就像小大人一樣，非常成穩、安靜，做事有條不紊；兒子則像野生動物，一刻也閒不下來，跑來跑去。「對家長是很棒的教育過程，也是了解人類的好學習，只要透過觀察、研究孩子。」Ramus 附和「養育孩子對大人是很好的學習課程，孩子在一個月時就已經擁有自己的性格，所以你不可能改變，只能接受，並幫助他們到達那裡。」

從他們的談話，我們體會到兩人生命的經歷對他們身為父母、教師有著深刻影響。為什麼害怕死亡的 Sebrina 送給孩子的一句話是「永不畏懼冒險」？在成為父親之前靈魂躁動不安的 Ramus，何以在孩子出生後變成居家好男人呢？他們教養孩子的態度是什麼？又碰到何種困難呢？

沒有擁有很多，但絕對沒有少

住進兒童之家是 Sebrina 人生轉捩點。Sebrina 九歲時，奶奶去世，

媽媽生病,她和兄弟姊妹被警察帶到兒童之家。那時的她,因為家裡很窮,環境不好,身上有很多跳蚤,當她第一眼看到兒童之家,感覺像是一座巨大的城堡。「泡在浴缸裡,兒童之家的阿姨,把我清洗乾淨,把跳蚤從我頭髮裡洗掉。我現在還記得,全身上下只穿著貼身衣物,包裹浴巾,坐在我的新床、新房間,聞起有香皂的味道。」她告訴自己:「絕對不要再回到貧窮的生活,要待在這裡,待在有香皂氣味的地方。」這是她和自己的約定:「待在沒有擁有很多,但絕對沒有少」的生活狀態裡。

　　與自己的約定,她知道無法一個人完成,但她想的是「我的命運是屬於我的」,自己必須要堅強,也為現在擁有的而開心。從那刻起就像受到幸運女神的眷顧,在兒童之家不僅孩子們互相友愛,也受到社工細心照顧。「兒童之家的社工是教育家,知道自己在做什麼,當你憂傷難過時,會得到擁抱與安慰,你永遠不會孤單。這真的很棒!」到現在,Sebrina 還是和他們密切往來,兒女都和他們很熟,兒童之家的人還會幫忙照顧兩個孩子。「當我畢業的時候,他們帶著花束為我祝賀,就像真的兄弟姊妹,也像真的父母。」

因為快樂!因為生活在發光

　　Sebrina 的懷孕,是 Ramus 人生的轉捩點。成為父親前,他的心智一直非常燥動,無法靜下來,總是在想一些人生的大問題,我要成為什麼,要怎麼過生活……好像獅子關在籠子裡。某天 Ramus 正準備和朋友前往英國旅遊,Sebrina 卻告訴他懷孕的消息,「我需要去消化這件事」,他便踏上旅途,在離去的火車上他也將懷孕一事告訴雙親。旅途中,意識到自己要成為父親了,像是生活開始有了意義,有了目標,也有了責任。然後,到現在他覺得這一切都是值得的,而且過得很快樂。

　　Ramus 那時 26 歲,這年紀當爸爸在丹麥來說有點太年輕,所以才需要時間消化。「他旅途結束後,帶回來一件嬰兒衣服,一副他準

備好的樣子。」Ramus 個性陽剛，兩人在交往時，Sebrina 從未見過他脆弱的一面，「當他回來時，他哭了，徹底的哭了。我從沒看過他哭。」只見 Ramus 羞澀微笑說：「因為快樂！因為生活在發光。我有一個可以安定下來的地方。這就是為什麼我不會想念以前隨時有派對的生活，現在的生活比較像我追求的。」

永不畏懼冒險

也許經歷太多死亡，爺爺奶奶、父親、弟弟相繼去世，Sebrina 常常會想到死亡，但在沒有孩子之前，她對於死亡一點也不在意，認為「生命長短不重要」，重點是好好享受人生與生活。但現在，她非常害怕死亡，因為女兒和兒子需要她。有時她還會為了自己不在的時光做準備，這是非常瘋狂的，以前很享受人生，現卻變得非常脆弱，因為孩子需要她。「成為媽媽以後確保自己活著變得很重要，一切都是為了他們，並不是因為我想要更多活著的日子。」

Sebrina 對死亡的恐懼害怕並未到草木皆兵的程度，孩子對她是第一重要的。和丈夫第一次約會時，她就對他說：「我不會生小孩！除非我碰到有好的雙親、有好的價值的男人，讓我覺得我生完孩子後，即使死亡，仍可安心把孩子拖付給他的人，我才會生孩子。」現在她有兩個要照顧的人，心靈上也找到可以依靠的伴侶。她希望孩子能夠尋找不無趣的生活，打開創造之門，並與人相遇，勇敢去冒險，譬如，遇見髮型奇特、造型特殊的人不應害怕，也不要覺得他們有問題，應該覺得有趣，為什麼他們要這樣呢？擁有渴望知道他們故事的好奇心。

清楚的界限，一樣的原則

在教養兩個孩子上，夫妻倆並沒有碰到太多問題，除了兩個孩子個性非常隨和外，Sebrina 認為和孩子溝通時，他們夫妻讓孩子清楚

知道，他們的規則是什麼，以及他們是怎樣的人，譬如兩個孩子做了他們不喜歡的事，他們會讓孩子知道他們的界限在哪裡，這對孩子也會比較輕鬆。也許就是夫妻從孩子還小時，就直截了當說明規則，所以兩個孩子能夠接受「不」這個答案，而不會歇斯底里。好比去玩具店，他們會看，不會要求買。Sebrina 每次都跟他們先說「我們只是看看」，他們都能接受，也不曾主動要求。

夫妻倆在規則上的態度是一致的，「我們是隊友，要與另外一隊對抗，這很重要。而且每次對抗，都必須獲勝，這也很重要。」他們不諱言說，夫妻規則一致對孩子是好的，他們更容易學會遵守。雖然規則相同，Ramus 說「但我們還是很不同的，我們不是兩個媽媽。教養態度上，我們則是相同的。」兩人說「不行」時，Sebrina會很委婉說「不行，你不可以這麼做」，但他會直接說「不行！」讓孩子知道，夫妻倆的不行，聲調雖不同，但一樣要遵守。

訪問接近尾聲時，小男孩挨著 Sebrina 說著我們聽不懂的丹麥語，原來兒子覺得有點無聊想去騎單車，想出去。「我們在海邊有個夏日度假小屋，非常小，有花園。我們為了和你們碰面，昨天才回家。」如果沒有回家，他們現在這時候就在度假小屋外面散步、玩耍。「我們想一家人一起做些事時，會去海邊度假小屋、遊樂場，我們家附近就有遊樂場，兒子喜歡在那看房子，看看建築物，騎腳踏車，只要天氣好，我們總是去海邊度假小屋，只有我們。」

多彩多姿鮪魚沙拉

材料

馬鈴薯　1-2 顆
小黃瓜　2-3 條
四季豆　少許
小番茄　少許
醃橄欖　少許
雞蛋　5 顆
鮪魚罐頭　1 罐
莫札瑞拉起司　1 顆
美乃滋　適量
龍蒿（Estragon）　少許

作法

1　馬鈴薯削皮，然後切片，放入滾水煮 10-15
　　分鐘，放涼備用。

2　四季豆切段，放入滾水煮 5 分鐘。撈起放
　　涼，備用。

3　雞蛋放入滾水煮 10 分鐘，撈起放入冷水，
　　待溫度變涼，剝殼，切塊，備用。

4　小黃瓜滾刀切塊，備用；小番茄對切，備用；
　　莫札瑞拉起司，切小塊，備用。

5　步驟 1、2、3、4 放入大沙拉盆，加入鮪魚
　　罐頭、美乃滋、醃橄欖，輕輕攪拌均勻，
　　最後撒上少許龍蒿，就可以上桌享用。

哥本哈根
Torvehallerne 市集

København, Denmark

　　Ramus 推薦我們必定要去逛逛離家不遠的 Torvehallerne 市集。它位於 Nørreport 車站附近，這市集販售品質最好的美食和新鮮食物，將近 60 多處攤位從新鮮魚類到肉類，一應俱全。不僅有丹麥本土的美食，也有來自歐洲各地的特色菜餚，有些小攤位更提供新鮮啤酒供大家小酌一番。「丹麥希望把這市集打造成像西班牙巴塞隆納的 Boqueria 市集，成果很好。」

　　目前哥本哈根最大最好的菜市場就是 Torvehallerne 市集，每週吸引六萬以上人潮。市集由兩棟玻璃屋組成，一棟專門販售「生鮮食材」，另一棟則是「食品、飲料」為主，而在兩棟建築物中間，則有蔬果、鮮花攤位、小吃攤。「許多攤販都是對食物有高度熱忱的專業人士，有幾個攤位還得過獎。」因此這個市集是丹麥人選購高品質食材的好地方，也是好友小聚的好場所，難怪小小咖啡館裡，香氣滿溢，坐無虛席。

　　不僅是新鮮食材、美味佳餚吸引人，還有一、兩處販售料理器具的攤位，也令我們駐足許久，各式鍋具和廚用小器皿，都令人愛不釋手，可惜，我們的旅途還很長，無法帶它們東奔西跑。而市集外設置的腳踏車停放處，一台挨著一台停放的單車，也讓我們感受到丹麥人健康的生活方式，難怪一路上車輛不多，行人個個身形曼妙。

Torvehallerne 市集

📍 Frederiksborggade 21, 1360 København, Denmark
🕐 週一至週四 10：00 - 19：00
　　週五 10：00 - 20：00
　　週六 10：00 - 18：00
　　週日 11：00 - 17：00

20

做你自己的主人

汪淑美

Ni är bäst!

You are the greatest!

Torbjörn

做自己的主人

Country.
瑞典

City.
雅各布斯貝里

👤 Torbjorn Karlsson 工程師 48 歲
👤 汪淑美 幼教老師 45 歲
🧍 14 歲 🧍 12 歲

「我已經成年，晚上和朋友去迪斯可跳舞。很晚回家，一到家發現父親在一樓等我，才一進家門，話都還來不及說，他一個巴掌就打過來，當場我就跌倒在地。母親聽到聲音下樓，趕緊把我扶起來，大聲斥責父親『你是起瘋！（閩南語）』。父親打的那個巴掌，讓我腦震盪……我覺得台灣早期的家庭教育就是『你沒有在我要求範圍裡，這樣就是不對！』在這樣的成長環境，我沒有感受到真正的關心。」──汪淑美

　　住在瑞典 15 年，從事幼兒教育的淑美姊和老公 Torbjorn（以下稱 Tobbe）育有兩位子女。出生在台南傳統大家庭的她，從小到大父母對她的教養方式，就像早前大多數台灣家長的觀念，第一，男大當婚，女大當嫁。男生娶妻生子，扛起一家重責大任；女生嫁為人婦，操持家務安分守己。第二，不跟孩子溝通（說明）原則。只要孩子沒在父母要求的範圍之內，就是爆怒、打罵，造成孩子的恐慌，不知怎麼做才是對的。

在「你沒有在我要求範圍裡，這樣就是不對！」教養方式、大家庭吵吵鬧鬧的日常下成長，讓淑美姊極力想逃脫。高中畢業時，家裡經濟狀況不錯，她主動要求父母讓她去國外念書，但家裡長輩捨不得，覺得女孩子不必出頭天。於是她開始認真工作，希望早早經濟獨立，同時提升外語能力，靠一己之力離開不喜歡的環境。

在瑞典和老公一起建立家庭，老公總是用溫和、積極，正面的態度對待她與孩子，她告訴自己絕對不能讓孩子感受不到真正的關心，除了行動表示關心和愛，她也會說出來，所以到現在女兒還會抱著她撒嬌「媽媽，妳是最好最好的。」她期待孩子未來能夠做自己的主人！那要如何教養孩子，才能達到呢？

說明原則，不要讓孩子予取予求

常有孩子因為事不如己願，不管是買東西、玩遊戲等，而在地上打滾耍賴，有的爸媽在一旁等待孩子宣洩情緒，有的爸媽好言相勸盡力安撫孩子，也有些父母發頓脾氣甩頭就走，孩子哭哭啼啼追著……不論在瑞典或台灣都會發生。就拿買玩具來說，台灣父母可能會不好意思告訴孩子今天沒有要買，或是沒有說預算是多少，淑美姊說一定要和孩子說清楚，他們是可以遵守的。她自己就是這麼做，所以現在兩位孩子買東西都會先看價格，有較好的金錢觀念。

有一次在瑞典幼兒園，一位小男孩放學，不願意穿外套，坐在地上賴著不走，媽媽等了大概 30 分鐘，後來受不了，請淑美姊幫忙，「你怎麼還在這裡，淑美要下班了耶！你不想走，那我把鑰匙給你，你住在這裡好了？」結果孩子回「我才不要！」起身不到三分鐘就穿好衣服，牽著媽媽的手走了。淑美認為會有這樣的情況，就是父母沒有讓孩子知道「原則」、「底限」在哪？一定要跟孩子清楚說明，並不是因為他們是孩子，大人就要遷就他們。

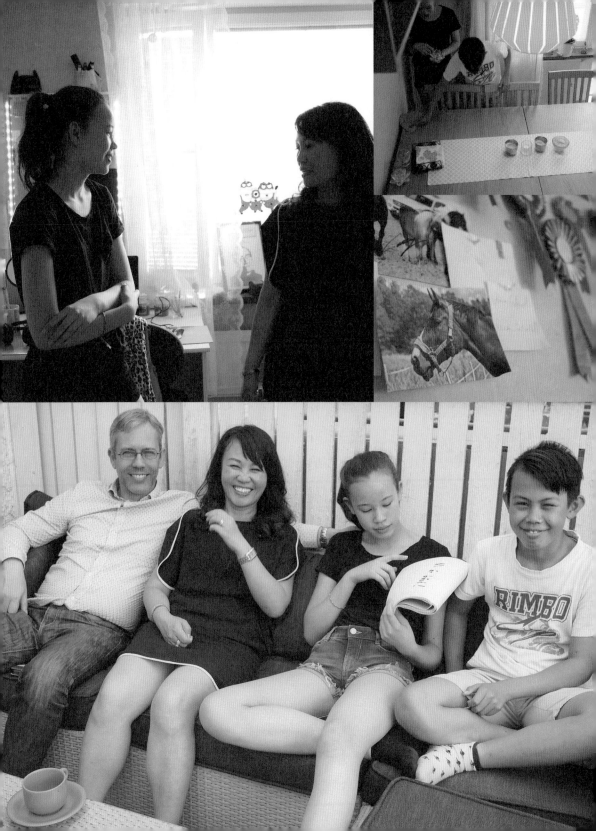

自我提升，比去嫉妒別人更快樂

　　淑美二十出頭時就在台灣擔任私立幼兒園老師，看盡人生百態。在那個年代，能讀私立幼兒園的家庭都算富裕，但她發現許多家庭過得不幸福，不快樂，外遇、家暴等問題層出不窮。追根究柢，台灣人太愛比較，所以過得不快樂，「別人開保時捷很好，但我不需要，我有現在這個家庭，我很快樂。」與其花時間去嫉妒別人，想想如何提升自己，除了對自己有幫助，也更快樂。

　　Tobbe 認為對待孩子，與其去打壓他們、遵照大人的做法，還不如幫助孩子提升自信，父母用協助的方式，每件事情先讓孩子想應該如何做，再和他們討論，這麼做好嗎？「其實孩子都有足夠智慧，做出正確決定，我們千萬不要以為孩子小就不會思考。」不過，Tobbe 也表示，工作一天下來很累，其實直接叫孩子照自己的意思做是最快的，所以要做到從旁協助孩子成長真的不容易。

說到做到，身教比言教重要

　　說到做到，是淑美姊做事的原則，也是希望孩子能夠達到的目標。這代表一個人的信任和信用，譬如我今天和你有約，那我一定會到，除非臨時有事，但我也必定會事先通知你。「小孩答應我要整理房間，我就會問什麼時候，他說等一下，我就會再問等一下是多久？拖很久，我會生氣。」

　　「我給他們我的信用。」你有信用，代表你對自己負責，有責任感。至於信任，除了父母說到做到，讓孩子信任你外，做父母的也要能做到信任孩子。Tobbe 也認同有責任感，在做人處世上非常重要。你信用好，別人就會尊重你。當你對自己負責，你也會對別人負責，人緣自然也比較好。

不止夫妻互相尊重，孩子也是

　　在教養孩子上，淑美和 Tobbe 會先協調好，互相尊重對方的決定，譬如 Tobbe 對孩子說「不」，淑美姊也一定支持這決定；還有他在訓斥孩子時，她就不會插手，但會問發生什麼事。淑美姊原則比較多，所以比較常扮黑臉，但這種情況也不常有。「當我們會互相尊重，小孩也會尊重我們。」

　　兩個孩子都是青少年了，如果要跟同學出去吃飯，也會先打電話回家問可不可以去；甚至連吃冰淇淋這種小事，也會問淑美姊可不可以吃，她自己都覺得很好笑。淑美姊有控制他們不要每天吃冰淇淋，結果到現在，孩子還是會習慣問她，這就是互相尊重。

　　在瑞典不能打小孩，如果被發現打小孩，孩子會立刻被社會局帶走。瑞典政府確保孩子安全、健康成長的政策執行非常謹慎，對於孩子間的霸凌問題也非常重視，孩子上小學時，每天學校會在廣場集合大家，花十分鐘時間和孩子們討論霸凌問題。淑美想到小時候，因為不想剪頭髮，被媽媽用衣架打的全身是傷，這在瑞典絕對是不可能發生的，她幽默說：「也許是台灣環境太過擁擠、太熱的關係，大家脾氣都不太好。」在瑞典地廣人稀，天氣又冷，真的很少發脾氣。

Family
recipe

牛肉墨西哥捲

材料

烤餅　數片
牛絞肉　500g
Taco 粉　1 包
乳酪絲　適量
美生菜　半顆

莎莎醬

洋蔥　半顆
番茄　2 顆
檸檬　半顆
橄欖油　1 大匙
黑胡椒粒　2 小匙
鹽　1 小匙
洋香菜末　1 大匙

自選配料

玉米、小黃瓜

淑美姊說墨西哥捲在瑞典很受青少年喜愛,所以家裡常常吃。

莎莎醬作法

1 洋蔥切碎,盡量切小塊。檸檬擠汁,番茄挖出籽切塊,與其他調味混合。

材料作法

1 生菜切絲,備用。手撕生菜也可。
2 熱鍋,加點橄欖油,炒香牛絞肉至七八分熟,放入 taco 粉後拌勻入味,然後撈起。
3 麵皮稍為用平底鍋煎過,表皮出現微微焦黃。

墨西哥捲作法

1 取一煎過麵皮,加入牛肉餡,放入莎莎醬和起司,再搭配自選配料,把包滿美味內餡的麵皮捲起來或對折,就是符合自己口味喜好的美味牛肉墨西哥捲。

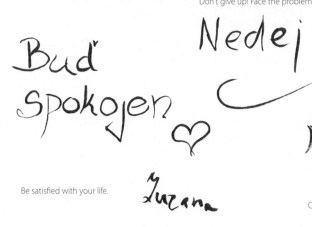

Don't give up! Face the problem.

Nedej se!

Buď spokojen ♡

Aleš B. lič

Be satisfied with your life.

Zuzana

NA ZDRAVÍ!

Cheer for the health, be healthy.

Vojta

給孩子強壯的
根和翅膀

Country. ——————————— City.
捷克　　　　　　　　　　布拉格

👤 Aleš 房地產開發商　46 歲
👤 Zuzana 經理　39 歲
🧍 Berenika 5 歲　🧍 Jan Karel 1 歲半

「母親耳提面命『妳現在做的事，全是為了妳自己。』母親從來不會為了考試成績不好處罰、責罵我，只會對我說『妳讀書，是為了妳自己。』這句話成為我認真學習的動力。我從小就知道，自己做的每件事，都是為了自己，不是別人，所以我才能心無旁騖持續做下去。」—— Zuzana

　　布拉格，一個充滿神祕魅力的城市，除了是《變形記》作者卡夫卡一生居住的地方，對這城市最鮮明的記憶，就是大學時代，歌手蔡依林唱的〈布拉格廣場〉，歌名引起當時年輕人對這城市的遐想，成為我們這一代嚮往的國度與城市，要去歌詞裡的廣場尋找青春愛戀的意義。如今來到舊城廣場，天氣陰霾，天文鐘被巨大施工帆布圍繞，無緣一睹風采，說不清楚的憂鬱，搭配廣場四周宛如童話般的建築，剎那間青春、愛戀、浪漫全回來了。

　　走過無情雨飄落的查理士橋，這座東歐最古老的石橋，連結著布拉格的城堡區和老城區，沒有帶傘的我們，仗著剛找回來的青春傲氣恣意漫步著。下著雨的城堡區，觀光人潮好像隨著緩緩流入下水道的雨水一樣消失了，空無人煙的巷弄、斑駁的古老建築，濕答答的石砌街道，一瞬間彷彿走進時光隧

道，但這感覺在我們鑽出巷弄，望著頭頂上錯綜複雜的電車電纜線、眼前駛過滿滿乘客的電車，一下子又把我們帶回現實，提醒著我們，現在是 2017 年夏天的布拉格。

住在布拉格的 Aleš 和 Zuzana，育有一兒一女，女兒五歲，在捷克六歲就要上小學；兒子一歲半，正值人生第一個叛逆期——學步期。除了有兩位可愛美麗的兒女外，家裡還有四隻毛小孩：三隻世界上最大的貓，緬因貓，一隻從動物之家領養的米克斯狗兒。採訪當天夫妻倆多年好友 Vgta 先生帶著一大籃藍莓和三歲女兒一起加入親子料理。原來 Zuzana 是透過 Vgta 介紹才接受我們採訪，另一方面 Vgta 則是從他所屬的捷克扶輪社（Rotary）知道我們，這真是非常難得的緣分。非常感謝 Vgta 和扶輪社的幫助。

今天要做的親子料理是 Zuzana 小時候和外婆最常做，有著特別回憶的藍莓蛋糕。「每當夏天聞到藍莓香氣，就好像回到孩提時，和外婆一起在廚房的光景。」小時候，因為母親有一隻眼睛視力不太好，所以很少下廚，但外婆是烘焙高手，常常帶著她一起做料理，尤其是糕點類。疼愛她的外婆，每隔兩天就會烤蛋糕或點心給大家吃。Zuzana 眼睛發亮笑著說：「每當到了聖誕節，我們家會有 20～30 種聖誕點心可以吃！」Vgta 今天帶來的藍莓是捷克特有的野生品種，顆粒比較小，又酸又甜，非常適合做藍莓蛋糕。

在一陣混亂喧鬧，伴隨著孩子童言童語的嘻鬧聲，藍莓蛋糕終於送進烤箱，孩子們跑去遊戲房玩耍。Aleš 和 Zuzana 開始準備前菜與主菜，兩人分工合作，一邊料理，一邊和我們聊天，更熱情邀請我們啜飲道地捷克啤酒。許多人認為歐洲的啤酒大國是德國，但其實捷克才是真正的啤酒王國，在地啤酒種類高達 70 多種，而且捷克人不論男女都喜愛喝啤酒，每人年均啤酒消耗量高達 162 公升，居世界之冠，擁有「世界最愛喝啤酒的國家」稱號。「小時候，我們會提著裝啤酒的酒壺去小酒館幫爸媽買啤酒。我想每個捷克人小時候都做過這件事。」

在這個充滿孩子、貓狗與生活感的家，他們對於孩子的教養態度

為何呢？「這問題好難！」Zuzana 想了想說她從來沒有仔細思考過，曾和先生談論過，卻沒有明確方向，但他們對孩子的共同期望就是成為「很好的人」。

給予安全感，自在飛翔

Aleš 說：「應該要給孩子根和翅膀。」根，就是父母要讓孩子知道家及家人永遠在這裡，當他們疲累受傷了，有可以依靠的後盾，此外，還要讓他們受教育，擁有必要的學歷和高貴的品格，才能長出強壯的根。至於翅膀，指的是父母要夠大膽，學習放手，讓孩子獨立，做自己想做的事，這樣孩子才能長出翅膀，飛向遠方。「他們現在還太小了！」Zuzana 笑說現在常常需要處理的反而是孩子爭吵問題，要他們不要吵架。

目前他們正在做的是確立界限，讓他們從生活中理解什麼是他們應該或不應該做的，為孩子建立屬於自己的空間，一個安全的空間，在其中自信成長。所以，他們現在試著每天讓他們八點去睡覺，上床前則有一些固定儀式，洗澡、按摩、講故事等。早餐、晚餐全家一起吃，雖然不是每天，但試著從建立一般的日常常規，給予孩子安定與安全感，讓孩子真實的感受到父媽會一直陪伴著他們。

不要放棄，面對問題

訪問過程總是有些意外插曲，尤其是家裡有比較小的孩子，父母總是需要隨時應付孩子多變的情緒。兩個小女孩結伴一起玩，落單的 Jan（英譯 Jack）於是一直想要媽媽抱，Zuzana 不時哄他，喚他「Honza」。原來 Honza 是捷克經典童話《Hloupý Honza》（Dull Honza）的英雄，捷克人用來暱稱小男孩。Honza 在語法上也可以翻譯為 Jack。Vgta 說在童話故事裡，Honza 一開始看似很懶、很無能，最後卻克服困難，帶回名聲、財富，並娶公主為妻。

Aleš 送給孩子的一句話便是「不要放棄！」遇到問題，要正視它，努力去克服。就像他年輕時天資聰穎，被送進特殊學校（資優生學校），但學習太懶散，成績沒能到達申請大學的標準，不得去讀三年制技術學院，畢業後到汽車工廠工作一年，發現自己不喜歡這樣的工作與生活方式。於是他再去夜校進修兩年，然後通過大學考試，主修電腦工程系，最後成為工程師。他的改變，在於看見問題，努力去解決，如今才能擁有滿意的生活和家庭。他直言，我們一定要有不害怕面對問題的勇氣，並努力去解決它。

對生活感到滿足，你就會快樂

　　人一生總是會受人、事、物影響而成為現在的自己。Zuzana 求學過程一路平順，也很輕鬆通過大學考試。因為母親對她耳提面命：「妳現在做的事，全是為了妳自己。」當她考試成績不理想，母親不會處罰她，只會說「妳讀書，也是為了妳自己。」這句話成為她認真學習的動力。所以，她從小知道，自己做的每件事都是為了自己，不是別人，所以能夠持續做下去。另外影響她最大的是高中英文老師，不止在學業上給了她很大幫助，她的為人和教學態度也深深吸引她。

　　這位老師教導他們時，已經確定罹患漸凍人症，全班都知道老師很年輕就會死去，她卻非常樂觀，活力十足，對學生非常好，一直鼓勵我們。她覺得老師就像一個警鐘，敲醒自己，讓她知道必須樂觀面對人生，做自己想做的事，對生活感到滿意，因為唯有對生活滿意，你才會快樂。所以她希望孩子能瞭解自己，做自己，滿足於自己的生活，這樣就會快樂。

孩子的童年，應該和父母在一起

　　在捷克，女性懷孕有三年的育嬰假，妳可以自己選擇時間長短（以

年計算），而且有薪水，但是一筆固定金額，在一至三年內平均給付。Zuzana 表示，通常家長會選三年，主要是因為捷克沒有任何私立幼兒園或組織，而公立幼兒園三歲才能就讀。除非家裡有親人（爺爺奶奶等），不然很難找到地方照顧孩子。Zuzana 和先生目前的工作可以部分時間待在家，親人又住在走路幾分鐘就到的地方，可以幫忙照顧孩子，讓他們可以在工作和家庭之間游刃有餘，得以好好陪伴孩子度過童年。

　　現在兒子一歲半大多時候都待在家裡，也需要夫妻倆較多的關注和照顧，而上了幼兒園的女兒，下課後都直接回家，一星期只有一次額外的芭蕾課。其實女兒學校也有課程可上，今年就有足球或芭蕾可選擇，所以她在學校有上舞蹈課，然後每週一次額外的芭蕾課，Zuzana 覺得以這年紀孩子來說已足夠。至於捷克有些家長會想讓孩子成為專業運動員，而送去上專業運動課程，期待孩子有天參加奧運，但她覺得應該等孩子大一點再說。「這年紀，她就應該和我們在一起。」

Family recipe

天堂番茄醬
佐捷克麵包

捷克的麵包翻成 dumpling，我們一聽以為是餃子。結果是用水蒸煮而成的麵食，口感像比較軟的蒸饅頭，跟我們想的餃子一點關係也沒有。

天堂番茄醬和甜椒鑲肉材料

麵包粉　適量
絞肉　500g
番茄　12 顆
液體鮮奶油（甜）　500ml
甜椒（白）　6 個
雞蛋　1 個
五香粉　1 小匙
月桂葉　4 片
牛油　100g
麵粉　8 大匙
罐裝番茄泥　200g
薑餅　100g
糖　10 小匙

作法

1. 絞肉、胡椒、鹽、蛋和麵包粉混合。
2. 白甜椒蒂頭切除，清除裡面的籽，然後用步驟 1 的肉填滿。
3. 番茄對切，切半的番茄、填滿肉的甜椒、五香粉、月桂葉一起放入大鍋中，加入 300ml 水，蓋上鍋蓋，放入 200℃ 烤箱烤 1.5 小時。
4. 拿掉鍋蓋，再烤半小時。
5. 鍋子從烤箱取出，放在爐子上，取出鍋內的甜椒、月桂葉，將鍋內剩下的番茄湯汁和材料倒入電動攪拌機，充分攪拌混合成為醬汁 A。
6. 取一新鍋加熱，放入奶油、麵粉，充分攪拌到沒有顆粒後，慢慢加入鮮奶油和醬汁 A，不要停止攪拌，漸漸收汁（如果太過濃稠，可加點水），成為醬汁 B。
7. 薑餅碎成小塊，越小越好，加入醬汁 B，再加入糖、鹽和胡椒，小火滾煮約 10 分鐘，最後就成為天堂番茄醬。

捷克麵包材料

粗粒麵粉（coarse flour）　500g

麵包丁　適量

蛋黃　1 個

酵母　適量

牛奶　250ml

鹽　少許

糖　10g

作法

1　牛奶加熱至約 37℃，加入糖和酵母，放置約
　　10 分鐘，讓牛奶發酵。

2　一大碗加入粗粒麵粉、鹽、蛋黃，和步驟 1 的
　　發酵牛奶，充分和麵後，再添加獨家祕方「麵
　　包丁」揉搓成麵團，用布蓋住麵團，放在溫暖
　　的地方約 20 分鐘。

3　膨脹的麵團分成兩個，並揉成長捲，再放置 5
　　分鐘。

4　兩捲長麵團放入熱水裡烹煮約 20 分鐘，在烹
　　煮的過程中，10 分鐘要幫麵團翻身一次。

5　起鍋的麵團用牙線切割成片狀，就可以上桌。

炸肉排

材料

豬里肌　500g
鹽　少許
大蒜　4-5 瓣
雞蛋　2 顆
麵粉　適量
麵包粉　適量
牛奶　30ml

作法

1. 豬里肌加點鹽稍微醃個 5 分鐘，再加入牛奶和大蒜，稍微拌勻後，包上保鮮膜，放進冰箱一晚。
2. 隔天把醃漬一晚的豬肉片拿出來，用餐巾紙把肉片上的醬汁吸乾。
3. 吸乾醬汁的豬肉片先裹一層麵粉，再裹上蛋汁，最後沾一層麵包粉。
4. 起油鍋，當鍋內油溫夠熱，轉小火，裹好粉的豬肉片放進去煎炸，兩面分別煎 2-3 分鐘，表面呈焦黃色，便可起鍋。

Family recipe

外婆的藍莓蛋糕

麵團材料

麵粉　250g
糖粉　125g
牛油　125g
雞蛋　1 個

蛋糕其他食材

全脂奶油乳酪　500g
糖　100g
蛋黃　1 個
野生藍莓　700g

蛋糕裝飾

牛油　125g
糖粉　100g
麵粉　100g

作法

1 糖粉、麵粉、雞蛋和軟化的牛油一起放入大碗砵裡，用雙手將材料充分混合搓揉，做出柔軟的麵團。
2 揉好的麵團擀平，像派皮一樣，放入派盤裡，要確認麵皮是薄的，且有服貼在派盤裡。
3 全脂奶油乳酪、糖 100g、蛋黃，充分攪拌混合，倒在覆蓋麵皮的派盤裡。
4 加入藍莓。
5 拿一個大砵，將牛油 125g、糖粉 100g、麵粉 100g 充分混合後，均勻倒入加了藍莓的派盤裡，盡量覆蓋住藍莓。
6 放入預熱好的 180℃ 烤箱烤 30 分鐘。吃的時候可以加點鮮奶油。

一直快樂、健康、自信.
有愛、坦然的成長～
　　　　　　　蔡宇涵

不管如何, 要喜樂 !!
　　　　　　　嘉源

分享愛與勇氣的
五人行

Country. ——————————— City.
英國　　　　　　　　薩頓

👤 Richard　產品設計師
👤 Monica Tsai　家庭主婦
👤 丹澈　6 歲　👤 睦淇　5 歲　👤 栩淳　2 歲

文 Beatniks

> 「小孩給了我勇氣，沒有孩子時活得心存僥倖的。當我們傷
> 心難過，如果我的小孩遇到同樣問題，他們會如何面對？如
> 果我希望小孩正面積極，那我就要先成為那樣的人。」
> —— Monica Tsai

我們坐地鐵離開倫敦市中心，到了南部小城鎮薩頓（Sutton），在咖啡廳一邊喝著咖啡，一邊等著 Richard 開車來載我們到他和太太 Monica 的家。到了兩人的窩，來迎接我們的是和爸爸長得很像的哥哥，與像媽媽卻有點怕生的妹妹，老三年紀太小，還乖乖地躺在嬰兒床上。

新手媽媽在異鄉

這年代，育有三個年紀相近小孩的年輕家庭實在少見，何況還是移民家庭，擔子實在不輕。「我們本來住在靠近倫敦市中心，懷了老二之後，租金太貴了，剛好有朋友搬到這個區域，覺得這裡的環境，小學的狀態還不錯，租金也比較低，我們就搬過來

了。」Monica 說起話來語調溫柔而堅定。Richard 和 Monica 是一對港台聯姻的夫妻，Richard 曾經在台灣和杜拜工作，後來到倫敦從事 3C 產品設計，香港媳婦也就嫁雞隨雞，在倫敦當起全職家庭主婦及新手媽媽。

在異鄉當三個小孩的媽媽實在很不容易，幸而英國人還滿尊重媽媽的育兒方式，「如果小孩在超市哭鬧，大家可能會關注但看到有媽媽在，就不會有過多干涉。」這裡鮮少「正義魔人」，對當時是新手媽媽 Monica 來說，環境壓力相對沒那麼大。而在資源上，不管是政府或教會辦的 playgroup 都有很多，比如每星期兩小時的 playgroup，有免費也有收費的，但收費也很便宜（約一鎊），就是讓媽媽們彼此交流的好機會。

OK 就好，別給自己和小孩太大壓力

我們聊天時，老大丹澈偶爾會幫爸爸媽媽「補充說明」，這位小小 BBC 講起中文來還是十分有條理，像個小大人。Monica 說他們沒有刻意教小孩講中文，但哥哥在語言和文字方面比較有天分。哥哥的學校每星期會有兩本課外讀物，希望家長陪小孩念，現在他已經能夠看 60、70 頁的小說類讀物，而且還不用媽媽陪讀。「我不太喜歡多做什麼，只要小孩在學校表現還 OK，學校也沒有要求我們做什麼，這樣就 OK 了！」當地有些學校上閱讀課時會按照小孩的能力用顏色把他們分組，有些家長就很在乎。Monica 就沒那麼在意：「我不需要知道那是什麼意思，其實你大概知道小孩在班上的程度到哪裡就好了。」和台灣的情況差不多，英國有些家長會把小孩送到較貴的私校，老師學生比例比較低，可以讓家長深入了解小孩的學習情況，而一般公校一個老師要顧 30 個小孩，除非小孩特別搗蛋或是成績特別好，不然不會受到特別關注，學校也不希望造成小孩之間互相比較。

哥哥喜歡閱讀，也愛科學，還是個火車迷、電腦迷，喜歡把機器

拆解再組裝，這點也許遺傳自爸爸吧！哥哥會去圖書館借書，從書本中找出他本來不懂問題的許多答案。Monica 笑著說：「他會問我什麼是週期表、電解水的實驗……我雖然是念理科的，但所學的基本上都還給老師啦，所以他的很多提問，我也只能大概回答。」夫妻不約而同都認為，當小孩可以自由學習就會有動力去學習，勝過填鴨式的考試制度，填進去考完都忘記了。在沒有壓力的環境下學習，小孩吸收的東西其實是很快的，都會牢記在腦袋瓜裡。

每天給小孩一段空白時間

有些父母不太喜歡讓小孩太早使用電腦和上網，擔心他們沉迷網路遊戲。對此他們卻有不同看法，一方面是因為當地幼兒園在小孩四歲多時就讓他們使用 iPad，他們認為重要的是使用多少量和多少時間，父母應該要去拿捏。給小朋友看電腦還有個好處，像 YouTube 上的影片播完就沒了，電視節目反而會讓小孩一直看。談到小孩的日常規律，Monica 是這樣安排：下午三點放學回家先吃點心，吃完點心是 20 分鐘的閱讀時間，再來是 25 分鐘玩電腦的時間。玩完電腦到看卡通中間會有半小時到 45 分鐘的空閒時間，Monica 會讓小孩去做他們想做的事。「有時小孩會跟我說『媽媽好無聊喔～』，我就會跟他們說『人生有時候就會那麼無聊的呀！』我希望他們能留有空白時間，這樣也很好。」

不論夫妻還是小孩都要互相溝通

Richard 和 Monica 都是基督徒，初到英國還沒生小孩時參加了當地華人基督教團體舉辦的夫妻營，學習夫妻如何維持關係。「有些理論說不要在孩子面前吵架，但我覺得是可以的，重要是吵完後要在他們面前和好。」他們認為小孩這輩子不可能不跟別人吵架，在家裡安全環境下見識到什麼是意見衝突，爸爸媽媽為什麼爭執，又

一直快樂、健康、自信
有愛、坦然的成長~
　　　　　媽媽
不管如何，要快樂!!
　　　　嘉源

是怎麼和好，反而是種學習。我們不是說要做一對完美夫妻，但我們不要情緒化對孩子。」回想自己小時候，Monica 的父母感情並不好，也有經濟壓力，父母根本沒什麼時間來管自己。「忘記帶課本上課，媽媽是不會幫我帶到學校的。那時會覺得媽媽太冷血無情了，現在回頭去看對我其實是種鍛鍊。」老大曾經愁眉苦臉跟她說不想上體育課，Monica 便跟兒子說：「媽媽很能體會，因為媽媽也不喜歡。上學就是會有一些你覺得很有趣也有不感興趣的事，不管人生或工作都是這樣。」群體生活就是會有些無奈的事、壓抑的事，端看你怎麼去突破和調適。

Richard 的成長環境比較豐裕，但也有類似的成長經驗，那個年代的爸爸大都不善於向子女表達自己的情感。他總覺得父親很嚴厲，高高在上有距離感，所以他當了爸爸就不想用同樣的方式面對自己的小孩「改變很困難，我就慢慢學習」。夫妻營不只幫助夫妻相處，也幫助他們與小孩溝通，「我們希望小孩能用說話來表達感受，所以會教他們用一些表達感受的詞，比如『開心、不開心』『失落、失望』」。透過自我表達，父母可以知道怎麼去幫小孩解決問題。」有一次，因為 Richard 在家工作，平日十分有節制的哥哥看到爸爸的電腦後，寧可失信於同學，也堅持留在家裡玩電腦不去參加學校活動。事後兒子懊悔不已，夫妻倆便跟兒子一起討論問題在哪裡，以及雙方都可以接受的「方案」，皆大歡喜。

認清自己的路，勇於作出抉擇

當 Monica 跟我們提起 Richard 這個科技界設計師曾經跳過 15 年的芭蕾舞時，我們下巴都掉下來了，怪不得身材那麼好！ Richard 有個熱愛跳芭蕾舞的雙胞胎弟弟，所以他自然也跟著一起跳，但 18 歲時認清自己實際上不適合跳舞，更愛畫畫的他便選擇念工業設計。Monica 在求學期也有過重要轉折，幸好在高中時遇上「奇怪」的物理老師。Monica 了解自己可能力有不逮，但因為喜歡所以高二時在

媽媽反對下，還是硬著頭皮選讀理組。「上第一堂課時，我們班上有個留級的學長，那位物理老師問他說你爸爸對你留級怎麼想，學長說當然不開心。老師又問，如果你今年再留級，你覺得會怎麼樣？學長說應該會想死吧。那個老師就說，再留級就代表你不適合念書，你就不要再念就好啦。」老師的話讓本來不安的她頓時釋然，想通了不會因為你留級天就塌下來，「人生這麼長你不去試怎麼會知道？試過失敗了也沒關係，去走另外一條路就好了。」到了現在，影響她的人就是自己的小孩，「當面對很不堪的事情時，是小孩讓我有勇氣。」

希望小孩擁有什麼樣的品格？Richard 希望他們成為信守承諾的人，「所以我們自己對小孩也同樣要說到做到」。Monica 則希望小孩要有「愛心、禮貌還有勇敢——勇敢 say no，勇於去做沒嘗試過的事。」剛來英國時，不管是語言或文化她都需要適應，「這裡的人很友善，願意分享他們的資源給我們。所以小孩子雖然能力有限，但我還是希望他們能全力以赴溫暖身邊需要幫助的人。」

英國的幼童教育

英國的學前教育大致分為學前班（preschool），幼兒園（nursery），小學幼班（reception，相當於台灣的大班）。英國小孩很早就接受學校教育，小孩三歲時政府就提供 15 小時免費教育，目的是要鼓勵母親就業，如果雙親都有工作，就能享有 30 小時免費教育，相當於五天整天免費課程。

小孩上課一個半月會有一星期的休息，比較長的假期如復活節、聖誕節也會有兩、三個星期，而暑假的時間相對比較短，只有六星期。小孩的休假時間比較多，因此英國的保母也比較多協助雙薪家庭照顧小孩。英國還有所謂的 Breakfast club 和 Afterschool club 來幫助家長，例如家長早上 7:30 到 8:30 可以先把小孩送去 Breakfast club 吃早餐再去上學。

有了小孩後，Richard 和 Monica 也曾有過回流的念頭，但從小就在填鴨式教育環境長大的 Richard 覺得留在英國，小孩的童年一定會很不一樣，「香港小孩從幼稚園開始就要學習英文，孩子的壓力會很大。英國人則認為最重要就是讓小孩玩耍，玩也是種學習。」入讀 reception 前小孩大部分時間都是在玩，真正的學習是在 reception 開始認字母。「像六歲的老大，每星期就只有一天要做功課，半小時就可以寫完。我覺得這裡教育成功在於重視引起小孩的興趣，他們感興趣，自然就會想去學習。」當然也有些學校是走亞洲教育模式，每星期都會給孩子英文單字的考試，這類學校給家長的壓力則比較大。對 Monica 來說比較困擾她的，卻是在兒子念 reception 時學校舉辦頻繁的主題變裝活動，她就得替兒子縫製各種服飾，但看到兒子在共同設計造型的過程中很開心很投入，她覺得這些麻煩也值得了。

　　這個年紀的幼童教育沒有音樂課、美勞課等專門科目，以大兒子的學校為例，教學方法以主題來切入知識。比如這個星期的主題是「城堡」，老師會請父母捐贈一些廢棄紙盒讓小孩做一個 pop up 的城堡；又或者在夏天，學校會教「植物」等主題。每個年級都有自己的 blog，老師會每週更新學習內容以便家長了解。

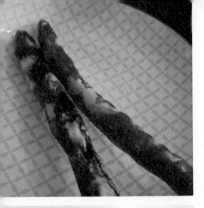

Family recipe

港台炒飯

材料 (6 人份)

白飯　約 5 碗
胡蘿蔔　1 根
結球萵苣　0.5 至 1 顆
雞蛋　2 顆
港式臘腸　1 根
煮熟豬肉　適量
黑胡椒粉　適量
白胡椒粉　適量
大蒜粉　適量
美極醬油　適量
紹興酒　適量

小孩比較喜歡吃重口味的食物，比如糖醋、咖哩口味的菜。老三剛出生時 Monica 還會做包子、餃子、蔥油餅等點心，但現在要照顧三個成長中的小孩就比較少做了。

作法

1　胡蘿蔔洗乾淨，削皮，然後刨成細絲。
2　結球萵苣洗乾淨切成絲。
3　雞蛋攪拌勻，煎熟後備用。
4　煮熟的肉切成小片，備用。
5　港式臘腸先蒸熟，切成小塊，下鍋炒一下增加香味。
6　加入胡蘿蔔絲、萵苣絲、肉片一起炒香，再加入調味料。
7　加入白飯、雞蛋、醬油，與其他材料和調味料一起攪拌
　　均勻炒香。

一切都是最好的安排、
Live well, Love lots,
and laugh often.

MAREIKE 小塘人

一切都是
最好的安排
Live well, Love lots
and Laugh often

Country. ——————————— City.
奧地利　　　　　　　　山區

👤 瑪麗爸　專案經理　45 歲
👤 小婦人　部落客　39 歲
🧍 10 歲　🧍 5 歲

「或許兩個女兒也遺傳到我獨立的個性，尤其是小女兒完全就是我的翻版，也是三歲就能自己刷牙、洗臉、穿衣服，甚至到四歲，舉凡洗澡、吹頭髮、準備早餐、學校點心，樣樣都自己來，不僅如此，還很會察顏觀色，平常更是我的好幫手，比如我在洗碗的時候，她已拿著擦拭巾在一旁等（擦碗盤），我在煮飯她就會先幫忙備餐具，相較下姊姊雖然沒有妹妹這麼會察言觀色，但姊姊的獨立表現是她從小就是個不吵不鬧也不太需要我們過多關注的溫順小孩。」──小婦人

　　開往奧地利的火車上，臉書訊息通知響起，是小婦人邀約我們至當地酒吧喝酒聊天，但旅行多日的疲累，許多採訪資料待整理，隔天一早要採訪，諸多考量便婉拒邀約。訊息傳過去沒多久，手機又傳來小婦人的訊息「煮了牛肉麵，你們要不要吃？」看到「牛肉麵」三個字，胃袋取代腦袋，什麼疲累，什麼待整理資料，那些有的沒的顧慮，馬上丟到九宵雲外，因為台灣魂、台灣胃正叫囂著。

　　於是，在採訪前一天晚上七點多，小婦人以高超開車技術載著我們飛也似地抵達位於半山腰的家，整個晚上空氣裡飄著熟悉香氣，撫慰兩個台灣胃；

親切的國、台語對話，喚醒三個台灣魂。其實和小婦人邂逅並不僅是採訪與被採訪的關係，一年半前《奧地利小婦人日記》的一篇文章，也是促成 Twosome Kids 網站誕生的原因之一。當本書開始企畫，要尋找世界各地的家庭，走進每一家的私領域，在廚房、餐桌、客廳和他們聊聊孩子的教養態度，我們第一個想到的就是小婦人。

隔天早上十點鐘，我們坐在小婦人親手搭建的陽台，被各種花草植物圍繞，享受歐洲八月的陽光，眼底盡收綠意盎然雄偉山嶽之美，興奮之情躍於臉上。從小就獨立自主，是家中長女，也是家裡唯一的女孩子，小婦人成長過程對她教養孩子有何影響？為什麼送給孩子未來一句祝福的話是「一切都是最好的安排」呢？

不要再叫孩子卡緊ㄟ（快點）

小婦人說回台灣很不能忍受的，就是母親常掛在嘴上說的一句台語「緊ㄟ！卡緊ㄟ（快一點）！」連不會講台語的瑪麗爸，耳熟能詳到現在也能很標準說好這句台語。沒錯，身為台灣父母的我們是否發現自己也常把這字眼掛在嘴邊，尤其從孩子一早起床不自覺的講到孩子上床睡覺？！到底為什麼要「緊ㄟ」？！

台灣家長在孩子學習任何事物時，似乎都急著想看到實質的成果、成績，但其實孩子學習是無形的，他們小腦袋每天不停在吸收、組織、成長，那是大人看不到的，更無法用度量衡來衡量。小婦人認為多給孩子時間，他們才能有機會一步一腳印扎實地完成每次的學習，我們要培養孩子享受學習的過程而不是學習速度。

對待孩子像大人或朋友

小時候的小婦人喜歡跟在母親身邊，看著母親忙進忙出，耳濡目染學會很多事情，但小六那年，母親因故無法繼續就近陪伴一旁，雖然尚有父親照護，但男人總是沒有女人細心，於是小婦人自然而

然接下母親角色的工作，下課後去市場買菜、煮飯、洗衣，幫忙照顧弟弟，分擔爸爸在家務上的工作。也由於她從小就需要獨當一面，長期下來造就她比較強硬的個性，不過強勢外衣下其實藏著善解人意的體貼，標準的外表冷但內心柔軟。

　　酷酷的個性與外表讓小婦人說自己其實也不太有孩子緣，年輕時更不喜歡親近小孩。缺乏和小孩相處的經驗，讓她初為人母時不知如何和自己的小孩互動對話，見有些父母會用撒嬌語氣，童言童語和孩子溝通她又做不來，於是她最本能又直接的想法就是不把孩子當孩子，一切就是很自然不刻意地對「人」說話與「人」相處，所以她從小就不和兩個女兒說疊字，洗屁股而不是洗屁屁，吃飯而不是吃飯飯，餐桌上不餵飯就讓小孩自己動手，連餐具都盡量跟大人一樣，少有小孩專用。完全就像對待大人或朋友一般。

為孩子開門，但別忘將心比心

　　大女兒學小提琴已數年，但她從不過問學習進度和情況，平日也不會盯著練習，她認為音樂是陶冶性情，學習樂器就只是培養興趣，既然是興趣，只希望女兒開心學習就夠了，能學多少就算多少。相較許多讓孩子學習樂器的家長，緊盯孩子練習，陪孩子去上課，小婦人則認為學琴是女兒自身的事，一切由自己負責，她只負責提供孩子機會，替孩子開扇窗。

　　她盡量讓孩子多嘗試，讓兩個孩子找到自己喜歡的事物，而學得精不精、好不好就輕鬆看待。怎麼會有如此豁達的想法？其實小婦人是以「將心比心」的態度去對待孩子，以「我自己」為出發點去思考孩子的學習。要求孩子做到某件事，應該先問自己「我自己做得到嗎？我自己會開心去做？」，當答案是否定的，小婦人就不會要求孩子。連自己都不喜歡，也做不到，為什麼要求孩子做到，這不是強人所難嗎？

放下媽媽包袱,當自己就好

　　小婦人在新手媽媽時也懷抱過當個慈母的夢想,但沒經驗的情況下,面對達不到要求的孩子,很快就變成容易情緒失控的媽媽,歷經教養挫折,也不停修正與檢討後,最後她發現原來是自己把「媽媽」的包袱背重了,其實只要當回自己就好!

　　媽媽這兩個字隱藏太多責任和壓力,常常多到無法負荷與消化。「當妳逼孩子,妳已不是原來的自己!」是的,許多媽媽的母親生涯很不開心、易怒、壓力很大,就是因為失去自我,沉重的媽媽包袱又壓著自己喘不過氣來,所以適時拋開媽媽這個角色任性地做自己,給自己喘息放鬆的空間吧!有了自我才會快樂,而有快樂的媽媽才能教出快樂的小孩。

她不是動物,妳幹嘛打她

　　問到夫妻倆的教養態度是否不同時,答案是「可以說一樣,也可以說不一樣!」瑪麗爸會讓小婦人主導,偶爾也會在一旁提醒她。瑪麗爸曾對小婦人說過一句非常有意思的教養金句「She is not an animal.」原來是小婦人在大女兒還很小時,求好心切,努力當個好媽媽的小婦人也曾體罰過孩子。

　　當然,瑪麗爸的意思不是說動物就可以打,只是個譬喻,意思是「女兒是人,而人是可以相互溝通的,妳為什麼要動手打她!」從此小婦人不再體罰女兒,而是講道理,分析給女兒聽。我們教育孩子時,常說打人就是不對,動手不能解決事情,但大人卻常因孩子達不到要求就體罰他們,這樣如何讓孩子理解打人是不對,是不能解決問題的呢?應該換個方式將孩子當成能夠獨立思考的人,分析道理,用溝通代替體罰。

圈羊，有條件的放羊

「大家崇羨西方教養，但西方教養卻有不少讓我不認同，比如西方過度偏頗的放羊，往往尺度拿捏不好到最後真的就是放牛吃草，所以歐洲許多孩子到了青春期，為所欲為，目中無人，頂撞父母，沒禮貌，這是我無法接受的！」

看過不少失敗的西式教育，小婦人對孩子的教養最終採取東西中庸之道，就是一邊圈羊，一邊放羊。放羊就是給孩子足夠的自由空間，不剝奪孩子獨立、冒險的機會，學習避免用否定與權威式的回應，而採取鼓勵、討論的方式。圈養就是在這個自由空間裡，依然有基本規定仍需要遵守，例如公民道德與自身安全。小婦人說「只要不逾越最基本的規定，其他的有很大彈性空間可以被允許接受。」

人生無法預料，就像孩子的人生也不是當父母的能去掌控的，所以不管孩子是輸在起跑點還是贏在起跑點，都是孩子的人生過程之一，或許過程不盡人意，甚至讓人悲傷氣餒，仍要相信每件事情都有其意義，就如同小婦人幽自己一默說「雖然很苦，但如果沒有那一段自己長大的時光，就沒有現在獨立自主的我，那麼也無法適應異鄉生活跟婚姻，甚至教導孩子獨立的重要性。」

最後小婦人最想送給孩子的一句話就是：人生無論順逆，都要樂觀的告訴自己「一切都是最好的安排。」

Family recipe

起司麵疙瘩
佐炸洋蔥圈

材料

中筋麵粉　500g
蛋　2-3 顆
鹽　少許
水　300ml
奶油　1 小匙
Bergkäse 起司　80g
Rasskase 起司　80g
Kase 起司　80g
洋蔥　1-2 顆

作法

1　中筋麵粉、蛋、鹽、水、油混合成稠狀麵糊。

2　洋蔥橫切圓圈狀，利用中火油炸洋蔥，需要點耐心。洋蔥呈現焦黃就可以起鍋備用。

3　燒一鍋熱開水並加入一匙鹽，麵糊倒入麵疙瘩專用器，來回磨。若無麵疙瘩專用器，可以使用有洞的勺子，如撈水餃的勺子，洞大尤佳。

4　當麵糊在熱水裡浮起，就是熟了，時間大約 5 分鐘。

5　煮熟的麵疙瘩撈起，並用冷水沖過後加點油備用。加油是為了不讓麵疙瘩黏在一起。

6　在炒鍋加點奶油，倒入麵疙瘩，加入 2-3 種不同起司拌炒均勻，再加點鹽調味就完成了。

7　上桌時在麵疙瘩上放上炸洋蔥，撒上蝦夷蔥，顏色好看，還有一股香氣，沒有的話可用細蔥替代。就完成這道非常傳統的奧地利美食。

這道奧地利料理，特別之處在於加入兩到三種不同起司，尤其是當地土產的阿爾卑斯山起司 Bergkäse，也可以用披薩用起司，味道重一點的提味，但不要用藍黴起司。

奧地利 Hallstatt 湖濱公園

Hallstatt, Austria   文 Bianco

訪問一路從瑞士抵達奧地利，風景得天獨厚，我們被火車包著一起運送往迷迭的山谷。這極附節奏感的一出一進，朝窗外探探竟有美麗的湖泊相伴。最鼎鼎大名，被列為世界文化遺產的哈修塔特 Hallstatt 更是美得令人醉倒湖畔。但你知道，在滿滿觀光客小鎮的另一邊，還有一個世外桃源般的公園嗎？

往山中鹽礦的纜車上，居高的我們瞄到了山腳下，那個似乎無邊界，與湖畔衍然而生的公園。有盪鞦韆、攀岩等設施，更有小型溜滑梯直接伸進湖裡，孩子換上泳衣溜下去就可以和天鵝一起游泳，但小心，天鵝先生並不像表面那麼友善喲！

如果你夠勇敢，更可以直接走往跳板，用力往前一踏就可帥氣的跳進湖裡，但在夏季，山中的湖水依然還是十分沁涼入骨。等待孩子自由玩樂的時間，我們為人父母的，就倚著樹幹，在草地上休息，也是徐徐人生。

Badestrand Hallstatt / Lahn

📍 Lahn, 4830 Hallstatt, Austria

🕐 全年無休

瑞典
來的信件

Country.
瑞典

City.
斯德哥爾摩

👤 Stefan 建築師　👤 Emelie 平面設計師
🧒 6 歲

文字／照片 © Emelie

All photos by Emelie

—— 請簡單描述個人的教育背景

高中念加拿大多倫多的海福格爾女子中學（Havergal College）。大學就讀麥基爾大學（McGill University），主修經濟。之後又進入艾蜜莉卡藝術及設計大學（Emily Carr University），主修傳播與平面設計。

—— 以色列國家的教育理念？

瑞典的孩子從七歲開始享有平等、免費受教育的權利，而且是強制性的。我的女兒今年六歲，要進入「學前教育」就讀一年，學前教育是介於幼兒園銜接小學前的重要階段，這一年孩子會有條理的學習關於小學一年級學業方面的知識。但是學前教育大多還是以遊戲為基礎的學習，他們會花很多時間待在戶外接觸大自然，這一點在瑞典文化是非常重要的。瑞典還強調創造性和基本價值觀，譬如性別平等、尊重和關心環境。在瑞典讀到大學都是免費的，這一點我非常感激，除了經濟上不必擔心，更重要的是這反映瑞典政府把受教育當作人民的基本權利。

—— 有什麼特別的人、事、物影響妳，讓妳成為現在的妳呢？

在我成長的過程中，父親經常前往發展中國家工作，所以在幼年時期就常常跟著他到處旅行。我們常去一些不尋常的地方，我認為這對我今天的成就有很大影響。旅行一直是我最熱愛的事情之一，現在有了自己的家庭，我和丈夫帶著女兒盡可能探索不同國家與文化。提升女兒的世界觀，對我而言是很重要的事。

—— 請問雙親對妳的教養態度為何？

我在加拿大出生長大，雙親是第一代移民加拿大的中國人，他們的教養態度大都還是傳統華人的方式，譬如很重視學業成績、認真工作學習、生活有紀律、敬老

尊賢，當然一定要學彈鋼琴！雖然如此，他們依舊敞開心胸接受加拿大文化，夏天我們都會去露營、遠足、登山、划獨木舟和釣魚，冬天則滑冰、滑雪。這些活動已成為我瑞典生活的一部分，也常讓我回憶起童年在加拿大的生活。雙親總是鼓勵我們去旅行、獨立和學習不同語言，所以我可以說，某方面，雙親在教養孩子是非常傳統的亞洲態度，但另一方面，他們也很積極和開放。

—— 當妳成為母親後有什麼改變呢？

我想最大的改變是學會放慢速度，不要為小事操心，像是屋內亂七八糟、事情做到一半被打斷無法完成等。我理解到最重要的是每一天都當作是唯一的，然後活在當下。雖然這不容易做到，但這是首要任務，因為時間過得很快，小孩的成長轉變也很快，有時甚至是天天都在變。生理上，就是感覺從來沒有好好休息過！我們卻很驚訝的發現，成為父母後即使極度睡眠不足，也能完成許多事情！

—— 妳對孩子的教養態度為何？另一半呢？

我覺得我們對孩子有點保護過度，畢竟我們只有一個孩子，所以她得到我們百分之百的關注與照顧。我很努力試著成為懂得放手的家長，讓孩子能無所畏懼探索世界，並在犯錯時能自我修正。要做到放手從來不是簡單的事，但我認為這對孩子發展堅不可催的自信心是很重要的。

—— 在教養孩子上有遇到什麼困難嗎？怎麼解決呢？

我女兒擁有非常堅強的意志，當然在教養她時並不容易。但我們常常提醒自己，擁有強烈的意志，是需要受到我們支持和栽培的良好特質，也應予以尊重。當我們和女兒有矛盾或衝突時，會給她時間和空間去沉澱自己，即使只有幾分鐘，接著我們會多給她擁抱和愛，不管發生什麼事。只有當大家的情緒都平靜下來，我們才會討論到底發生什麼事情。

—— 希望孩子擁有什麼性格？

誠實、善良、同理心、自信，無偏見和對世界充滿好奇心。

—— 怎麼安排孩子的空閒時間？

在家裡，我女兒空閒時經常畫畫、創作或烘培，都是些創造性活動。平日，一週上一次游泳課或其他運動課，如舞蹈課。週末我們經常與朋友見面，或者去公園、博物館、劇院或電影等短程旅行。有時候我們會走出城市，到樹林裡散步，或者參觀斯德哥爾摩周圍的城堡等歷史景點。

—— 孩子下課後都在做什麼呢?

在瑞典,活動通常取決於季節和天氣。在夏天和天氣好的時候,我們經常去公園或遊樂場;冬天,我們有時會滑雪橇。有時候是和學校同學的遊戲時間,偶爾我們也會去咖啡館吃點心或喝熱巧克力。

—— 可以推薦幾個適合家長帶孩子出遊的斯德哥爾摩景點?

斯德哥爾摩有許多很棒、適合孩子造訪的地方,我最喜歡的兩個是:
1. 斯堪森露天博物館 (Skansen),世界第一個露天博物館,也是瑞典文化中心和北歐動物園。
2. Rosendals Tradgard 公園,有機栽培的公園和咖啡館,可以在那裡買到當地種植的植物、花卉、蔬果,在夏天可以挑選自己喜歡的花卉,在優美自然景觀野餐。這兩個地方都位於城市中心的 Djurgården 島嶼,這個島富含公園、森林、博物館和其他文化景點。

—— 在家多久下廚一次?妳和丈夫誰的廚藝比較好?

我們週間每晚都下廚,除了星期五晚上,我們會到餐廳外帶食物回家。因為在一週辛苦工作後,我們都需要休息!週末則經常出遊或拜訪朋友。我們也喜歡外出吃早午餐或喝下午茶「Fika」,瑞典文是「休息時間」的意思。丈夫和我都喜歡烹飪,我們的廚藝不相上下!

—— 女兒最喜歡妳做的哪道料理?

女兒喜歡的料理常常在變,但最近喜歡的是:番茄義大利麵、瑞典肉丸和馬鈴薯佐肉汁、蕎麥麵佐花生醬。

—— 為什麼選擇這道料理和孩子一起做呢?

選擇這道料理有很多好理由,料理起來很簡單,每個步驟孩子都可以參與,即使過程中材料份量不準確,成果還是會很好。份量都小小的,小孩都很喜愛。也不會花太多時間,而且材料就是家裡常用的。蘋果是少數在瑞典當地栽種,一年四季都買得到的水果,更好的是,可以在秋天選擇我們想吃的水果。這道料理使用健康的材料,譬如全麥麵粉和水果,最重要的是,我女兒認為它真的很好吃!

—— 請推薦適合孩子使用的廚房料理工具

一件漂亮圍裙、木頭攪拌湯匙,以及好握的蔬菜削皮器。我們喜歡 Oxo Good Grips 系列的削皮器,因為它有品質很好的橡膠手柄,孩子拿著不會滑落。

送給女兒的一句話

我喜愛美國知名廚師茱莉雅·柴爾德（Julia Child）說的：「愛吃的人總是最好的人！」
People who love to eat are always the best people.

迷你雜糧蘋果酥

材料

蘋果　4-5 顆
玉米粉　1 大匙
黑糖　3 大匙、1/4 杯
燕麥片　1/4 杯、3/4 杯
榛子或杏仁粉　1/4 杯
全麥麵粉　1/2 杯
紅糖　1/4 杯
肉桂粉　1/4 小匙
海鹽　2 撮
發酵粉　1/2 小匙
無鹽牛油　2 大匙
橄欖油　1/4 杯

作法

1　烤箱預熱到 175℃。在烤盤上放上 8 個 6 盎司小烤模。

2　蘋果削皮、去核，切成小塊。

3　切小塊的蘋果放入大盆裡，加入 1 大匙玉米粉、3 大匙黑糖均勻攪拌，直到蘋果塊均勻裹上黑糖與玉米粉，然後將裹好粉的蘋果塊平均分配在八個小烤模裡。

4　1/4 杯燕麥片放在食物調理機打成粉末，然後與榛子或杏仁粉混合。如果沒有堅果粉，可以使用切片堅果，然後用食物處理機研磨成粉。如果對堅果過敏或不喜歡的人，也可以不加，可另外增加 1/4 杯燕麥來替代。

5　在調理盆裡將步驟 4 的粉末與 3/4 杯燕麥、1/4 杯全麥麵粉、1/4 杯黑糖，以及紅糖、肉桂粉、海鹽、發酵粉攪拌混合。

6　在一個小鍋或微波爐中融化牛油，然後加入橄欖油攪拌均勻。

7　步驟 6 的油倒入步驟 5 中，攪拌至材料鬆脆，接著將攪拌混合好的材料平均分配放入已舖上蘋果塊的小烤模上。

8　蘋果酥放入烤箱烤 40 分鐘，看到蘋果開始冒泡，麵包屑周邊滲出果汁代表蘋果酥已經烤好。如果蘋果酥頂部很快變成棕色，請在整個烤盤上放一片鋁箔紙，以確保烘烤時間足夠。

9　放在架子上冷卻並在室溫下食用。搭配原味優格和新鮮莓果，特別美味。蘋果酥放冰箱也可以保存好幾天。

GOODS.
DESIGN.
KIDS.

01

Combi

dretec

03

OXO
GOOD
GRIPS

02

ORIGINAL
KAISER

04 KAISER

WMF

GOODS.
DESIGN.
KIDS.

廚房小工具推薦

W
MF

05

06

BRUNO

GEFU

07

08 EXCELSA

09

SATO

SATO

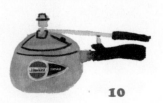

Hawkins

10

01

Combi 麵夾匙組

PP 塑膠材質，耐熱高達 130
度，可微波爐使用。麵夾設
計可以輕鬆剪開麵條，湯匙
底部扁平設計，便於磨碎食
物，流線外型擦拭清洗方便，
附有盒子安全衛生。

02

dretec 機械式手動計時器

dretec 機械式手動計時器，
有著簡約時尚的外型，無需
使用電池可長期使用，同時
具備吸鐵功能，可直接吸附
於任何鐵製廚房家電上。

03

OXO Good Grips
Y 型蔬果削皮器

OXO 料理工具榮獲多項國際
設計大獎肯定。此款削皮器
手濕也好拿握不滑手、輕鬆
削皮。前端可去除馬鈴薯芽
眼、根莖蔬果腐壞點，省空
間吊掛孔便利好收納。

04

Kaiser 麵粉篩

Kaiser 不鏽鋼麵粉篩的外型
充滿歐洲情調，質感好，同
時又好用。小孩子雙手持握
操作輕鬆，也不會像傳統中
式圓形麵粉篩把麵粉撒的到
處都是。

05

WMF Profi Plus 打蛋器

18/10 Cromargan® 不鏽鋼 抗
酸鹼，防腐耐銹，不吸收異
味，鋼珠時尚設計，能輕易
打入空氣，易清洗。握把設
計符合人體工學，打蛋完全
不費力。

06

BRUNO 多功能烤盤

外型時尚的多功能燒烤盤，
以鑄鐵鍋概念打造，附有章
魚燒烤盤和平底烤盤用途就
非常的廣泛。插電使用，不
用爐火，在餐桌上一家人享
受料理的樂趣。

07

GEFU 圓孔麵疙瘩銼

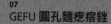

來自德國，70 年廚房用具專
家品牌，整體採食品級不鏽
鋼材質，可機洗。符合人體
工學的把手，輕鬆掌握；拋
光滑動閘閥，來回好滑動，
不易沾黏麵糊。

08

EXCELSA 四格冰棒模

義大利品牌製冰模，PP 塑料
材質，可穩固立放冰箱，取放
便利；較大棒型蓋融冰不易流
出，不擔心弄髒手，蓋邊吸管
還可喝光所承接的糖水。

09

佐藤 SATO 不鏽鋼
坐式烤箱專用溫度計

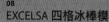

不鏽鋼材質，可直接放入烤
箱中使用，可掛、站立在烤
箱中，免除家用烤箱的溫度
經常與實際溫度和標示溫度
有落差的苦惱，讓你更精確
掌握溫度。

10

Hawkins 1.5L 壓力鍋

體積小巧的壓力鍋，對於喜
愛野炊、露營的家庭，是便
利又輕巧的炊煮工具，而且
此款壓力鍋適用於任何爐面，
尤其是使用瓦斯的卡式爐。

請進！餐桌上聊教養

兩位媽媽長征歐亞 14 國的教養探索：陪伴孩子走自己的路，做自己的主人

作　　者　宋明琪 Mickey Sung、蔡怡欣 Bianco Tsai
執 行 長　陳蕙慧
總 編 輯　曹　慧
主　　編　曹　慧
美術設計　三人制創
行銷企畫　童敏瑋
社　　長　郭重興
發行人兼
出版總監　曾大福
編輯出版　奇光出版
　　　　　E-mail：lumieres@bookrep.com.tw
　　　　　部落格：http://lumieresino.pixnet.net/blog
　　　　　粉絲團：https://www.facebook.com/lumierespublishing
發　　行　遠足文化事業股份有限公司
　　　　　http://www.bookrep.com.tw
　　　　　23141 新北市新店區民權路 108-4 號 8 樓
　　　　　電話：(02) 22181417
　　　　　客服專線：0800-221029　傳真：(02) 86671065
　　　　　郵撥帳號：19504465　戶名：遠足文化事業股份有限公司
法律顧問　華洋法律事務所　蘇文生律師
印　　製　呈靖彩藝股份有限公司
初版一刷　2018 年 10 月
定　　價　400 元

有著作權・侵害必究・缺頁或破損請寄回更換
歡迎團體訂購，另有優惠，請洽業務部（02）22181417 分機 1124、1135

英國撰文｜beatniks
日文翻譯｜莊仲豪 Zeno Chuang
國際聯絡人｜日本・林秀美、林明月、tomoe tanimoto、斎藤明穂
　　　　　　歐洲・Siiri Sommer
　　　　　　瑞典・玉英姐、謝夙霓 su-ni

請進！餐桌上聊教養：兩位媽媽長征歐亞 14 國的教養探
索：陪伴孩子走自己的路，做自己的主人 / 宋明琪，蔡怡
欣著 .-- 初版 .-- 新北市：奇光出版：遠足文化發行, 2018.10
面；　公分
ISBN 978-986-96308-5-6 (平裝)
1. 親職教育 2. 飲食
528.2　　　　　　　　　　　　　107012889

線上讀者回函